# 230 MODÈLES de FERRONNERIE

Lampadaires – Lustres – Appliques
Guéridons – Poignées et marteaux de porte
Objets décoratifs – Ornements d'église

## CHEZ LE MÊME ÉDITEUR

**Travailler et entretenir les métaux**
Collection « Eyrolles Bricolage »
R. Leuschel
N° G06035, 1997, 16,8 x 19,4 cm, 96 pages.

**Les antiquaires du bâtiment**
*Éléments d'architecture. Matériaux anciens. Copies et rééditions*
F. Gervais
N° G06104, 1994, 13 x 23 cm, 224 pages.

**La ferronnerie d'art**
*École-Atelier de restauration – Centre historique de Léon*
N° G11839, 1999, 21 x 29,7 cm, 296 pages, 1700 dessins.

### DANS LA SÉRIE « MODÈLES ET TRACÉS »

**143 modèles de ferronnerie**
*Grilles. Portes. Balcons. Rampes. Ascenseurs*
G. Surnom
N° G11151, 2002, 21 x 27 cm, 136 pages.

**Le parfait serrurier**
*250 modèles de ferronnerie*
L. Berthaux
N° G02678, 1828-1868, 2001, 21 x 27 cm, 224 pages.

**580 modèles de tournage**
*Bois. Plâtre. Terre*
D. Weldon
N° G11136, 2002, 21 x 27 cm, 128 pages.

# 230 MODÈLES de FERRONNERIE

**Lampadaires – Lustres – Appliques**
**Guéridons – Poignées et marteaux de porte**
**Objets décoratifs – Ornements d'église**

**Georges SURNOM**
*Dessinateur – Décorateur*
*Spécialiste en ferronnerie*

DIXIÈME ÉDITION

EYROLLES

ÉDTIONS EYROLLES
61, Bld Saint-Germain
75240 Paris Cedex 05

www.editions-eyrolles.com

# NOMENCLATURE DES PLANCHES

# ENSEIGNES

# ENSEIGNES

## STYLE LOUIS XIII

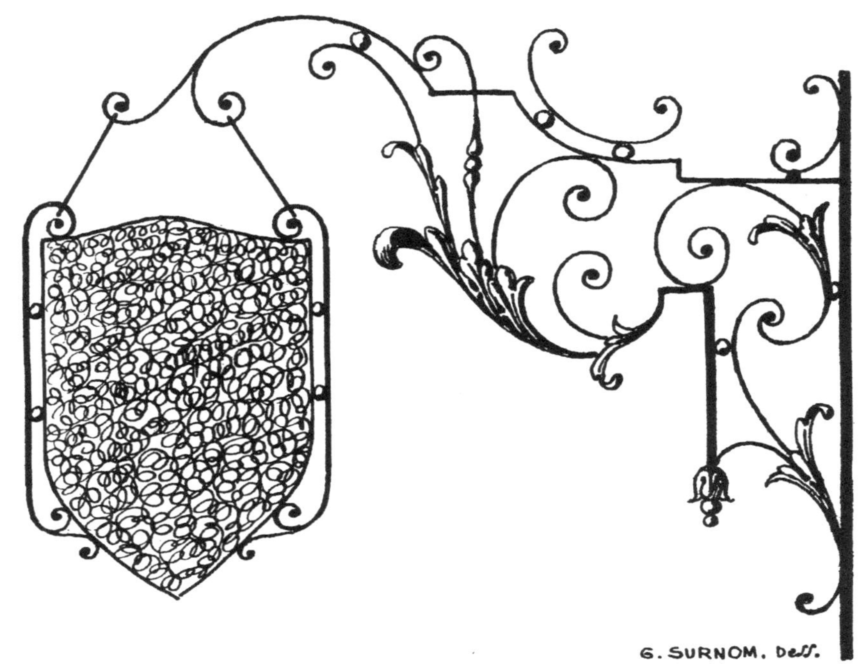

# ENSEIGNES

## STYLE MODERNE

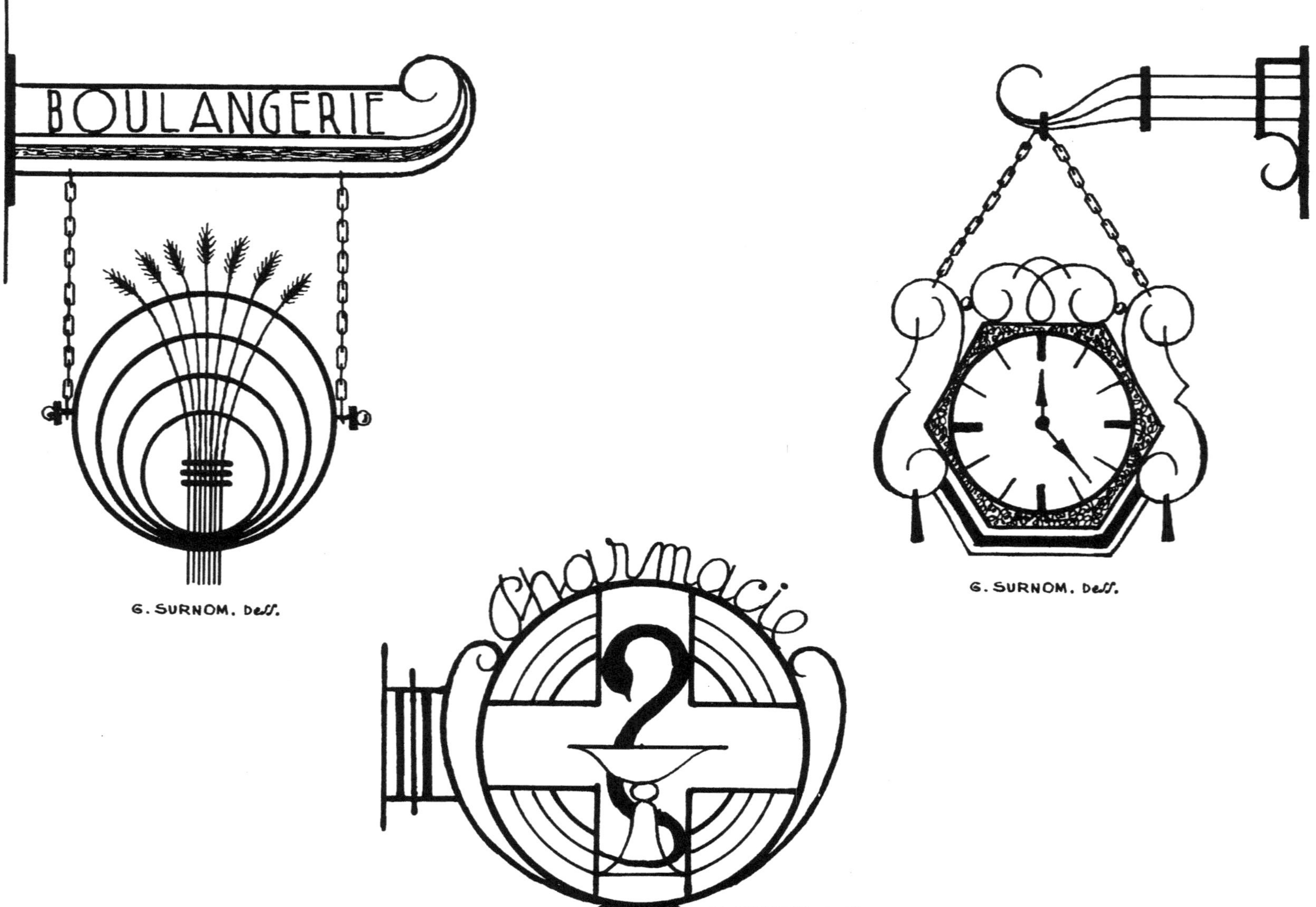

# MARTEAUX DE PORTES

# MARTEAUX DE PORTE

## STYLE LOUIS XIII

# MARTEAUX DE PORTE

## STYLE LOUIS XIV

# MARTEAUX DE PORTE

## STYLE RUSTIQUE

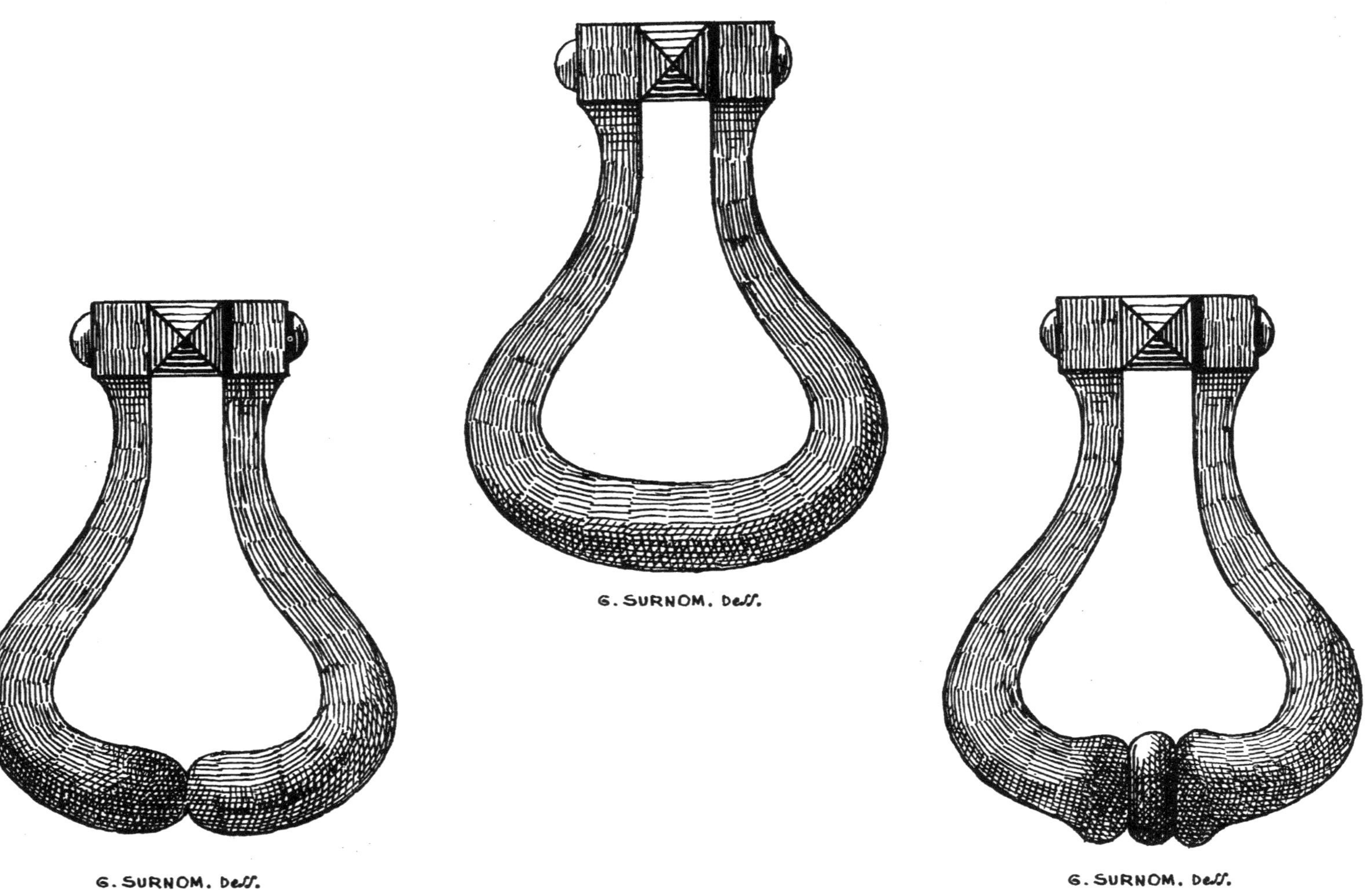

# MARTEAUX DE PORTE

## STYLE RUSTIQUE

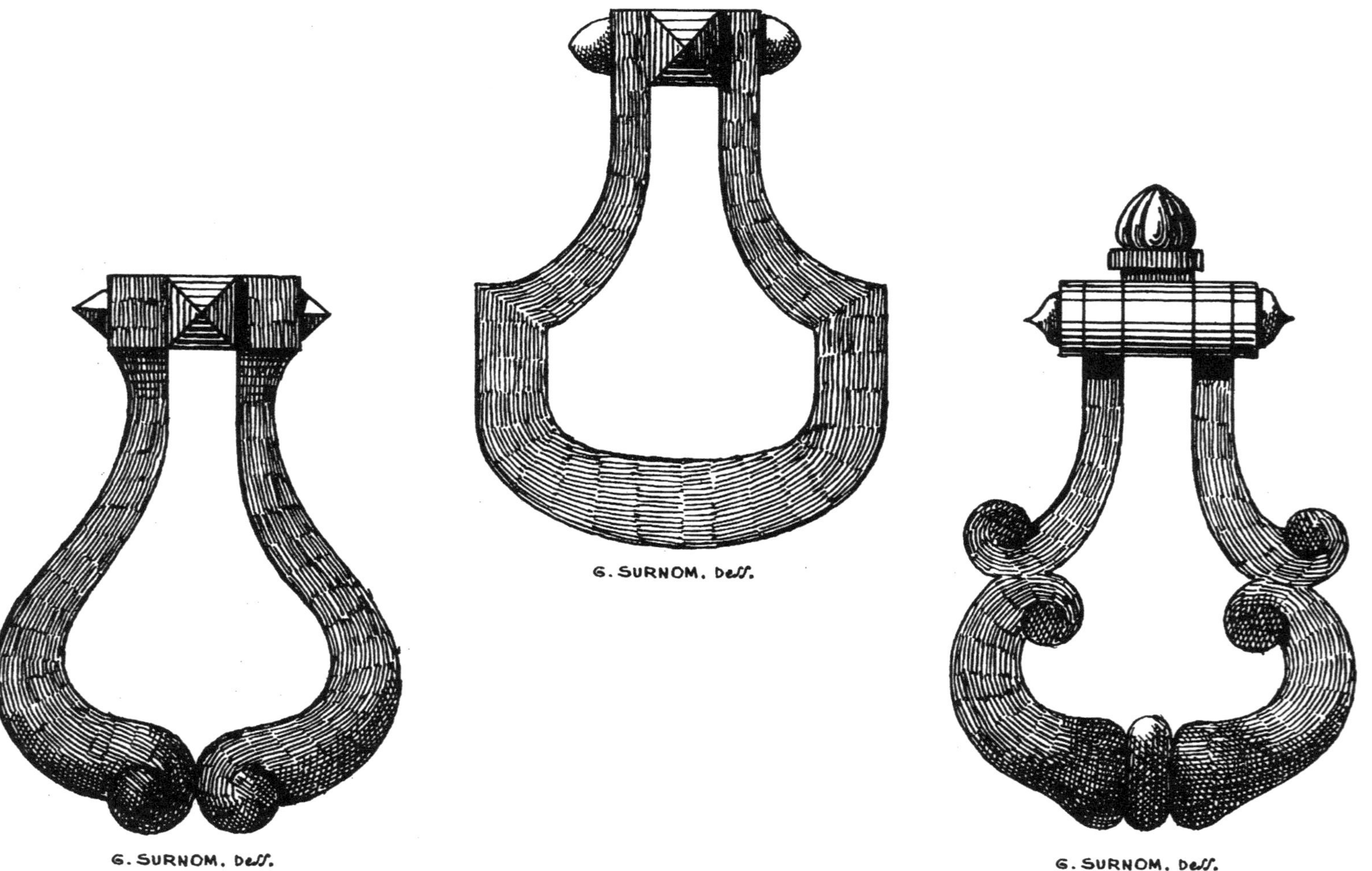

# PENTURES

# PENTURES

## STYLE MOYEN ÂGE

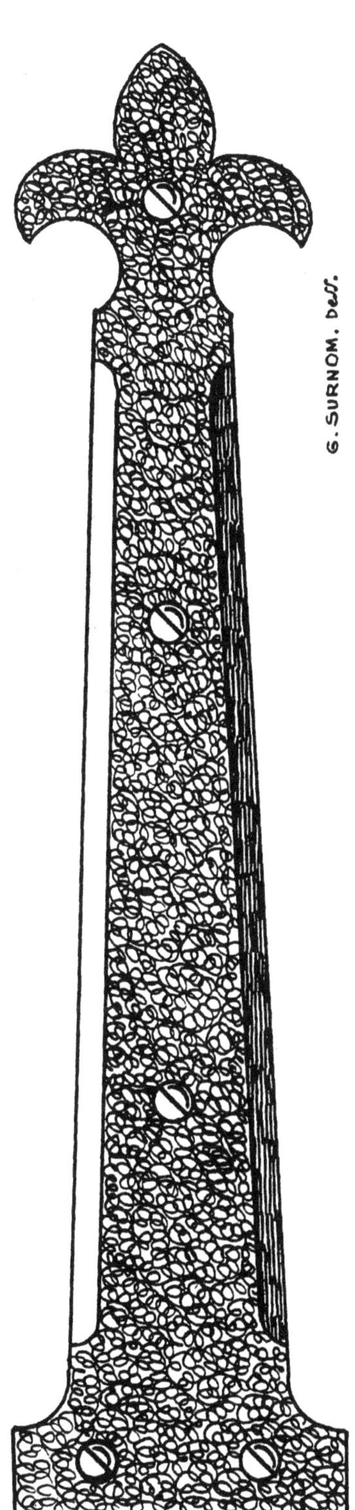


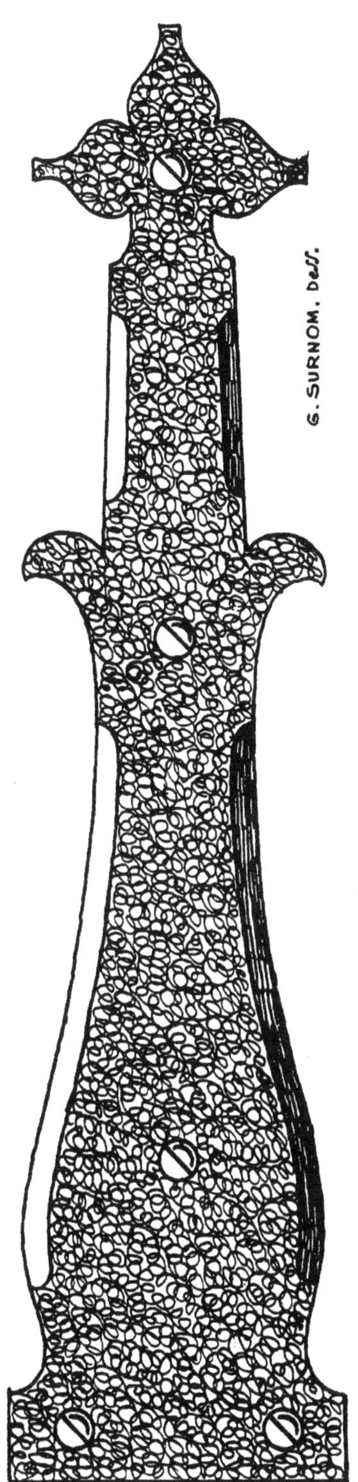

# LOQUETS

# LOQUETS

## STYLE MOYEN ÂGE

# TARGETTES

# TARGETTES

## STYLE MOYEN ÂGE

G. SURNOM. Dess.
COLLECTION BRICARD

# TARGETTES

## STYLE RENAISSANCE

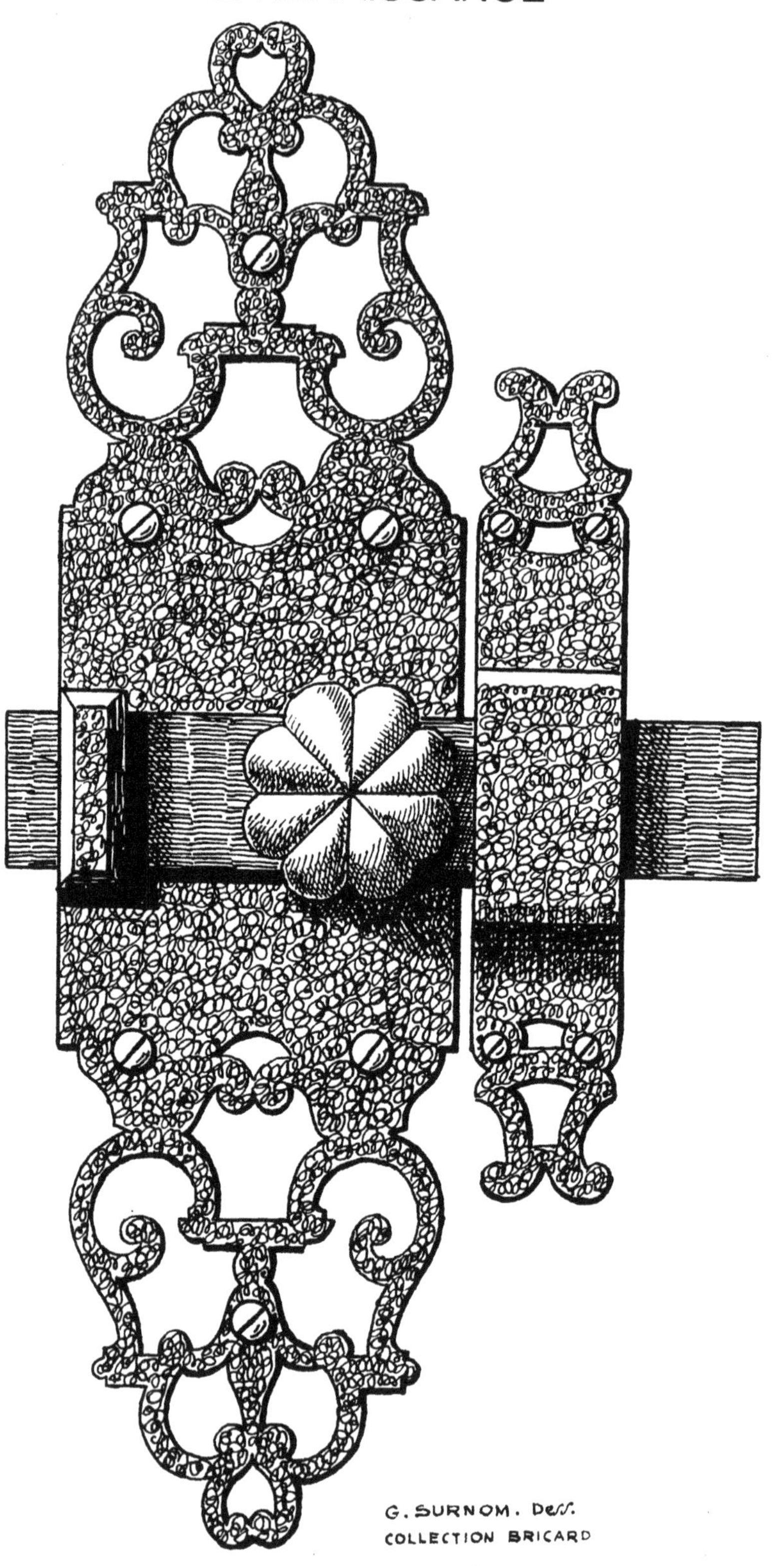

# TARGETTES

STYLE LOUIS XIII

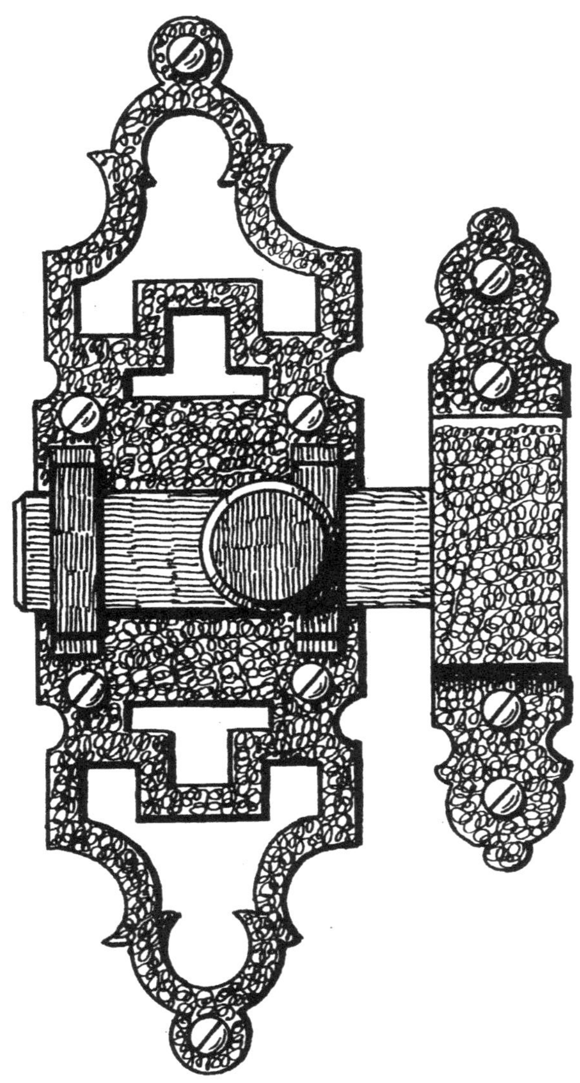

STYLE LOUIS XIV

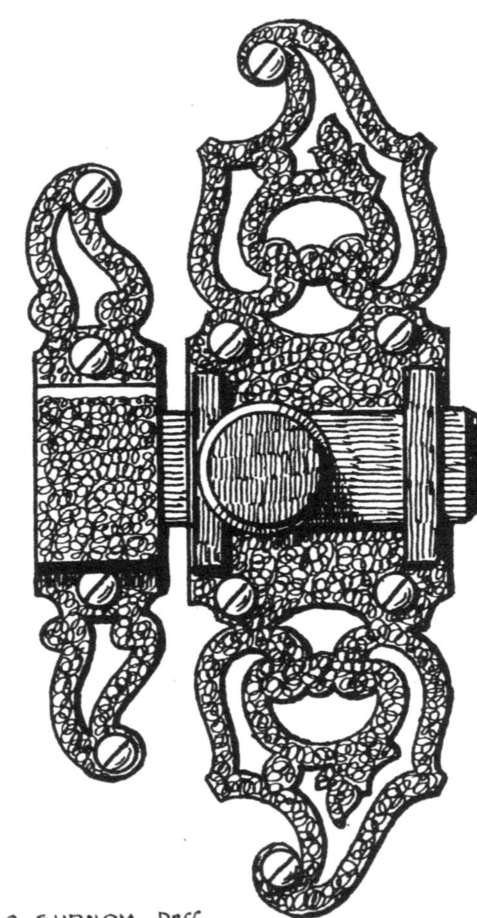

# ENTRÉES
# DE CLÉS

# ENTRÉES DE CLÉS

## STYLES DIVERS

G. SURNOM. Dess.
COLLECTION BRICARD

# ENTRÉES DE CLÉS

## STYLES DIVERS

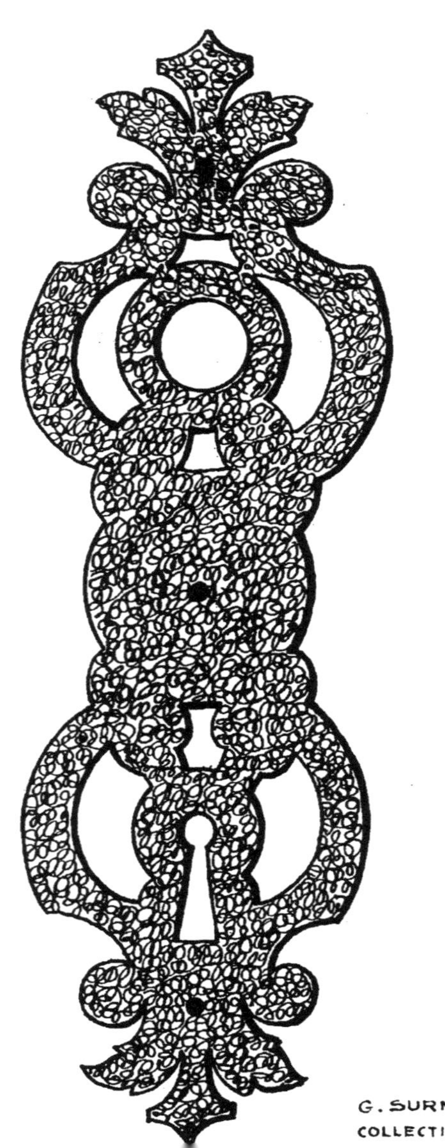

G. SURNOM. Dess.
COLLECTION BRICARD

# POIGNÉES DE MEUBLES

# POIGNÉES DE MEUBLES

## STYLE MOYEN ÂGE

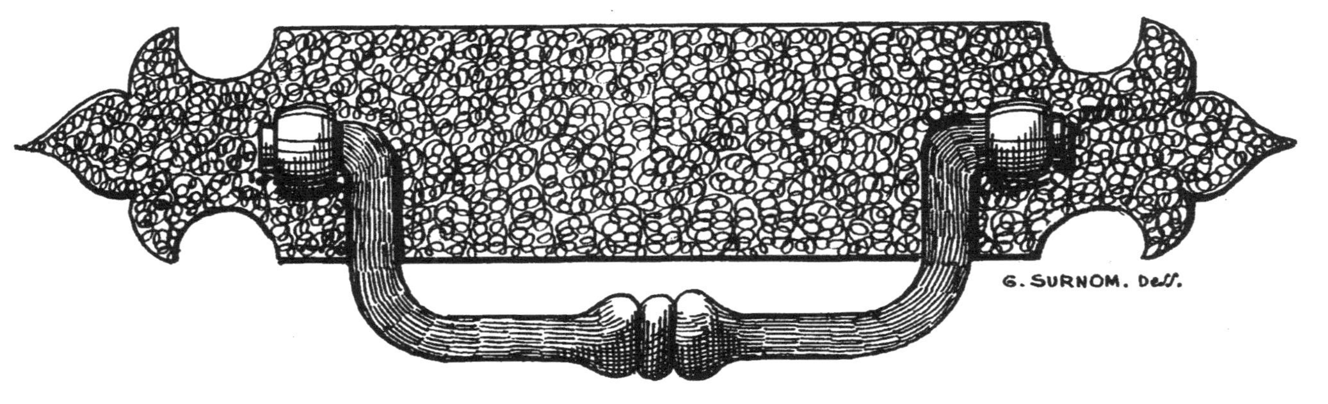

# BÉQUILLES

# BÉQUILLES

## STYLE MOYEN ÂGE

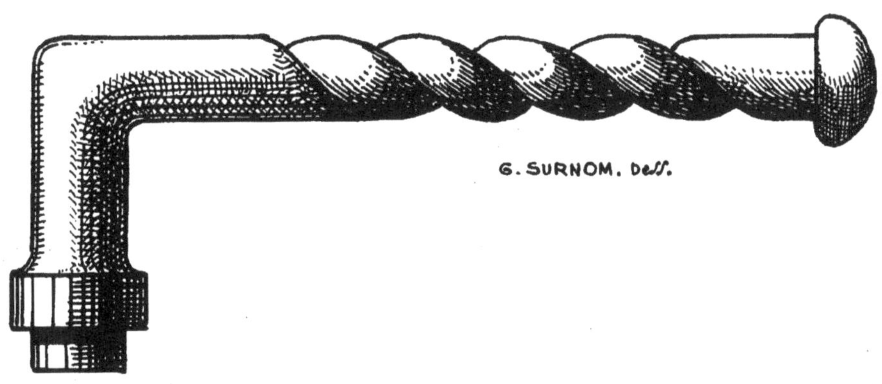


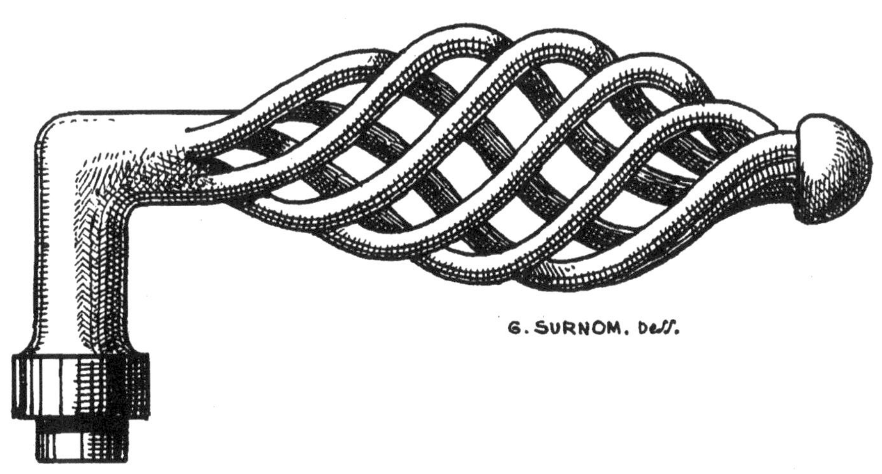

# PLAQUES
# DE PROPRETÉ

# PLAQUES DE PROPRETÉ

## STYLES DIVERS

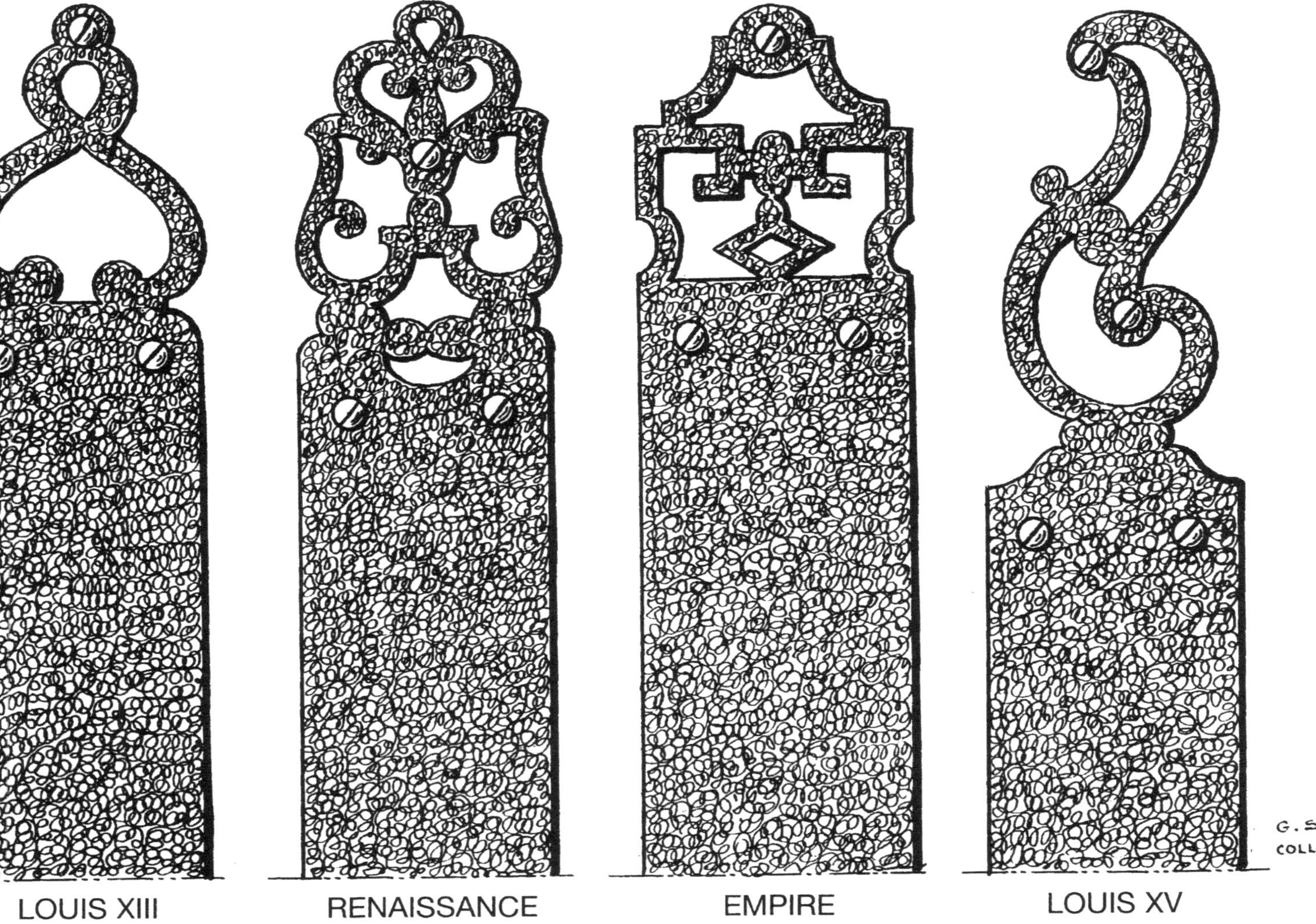

# PLAQUES DE PROPRETÉ

## STYLES DIVERS

MOYEN ÂGE — MOYEN ÂGE — RENAISSANCE — LOUIS XIV

# LANTERNES
# DE VESTIBULE

# LANTERNES DE VESTIBULE

# LANTERNES DE VESTIBULE

## STYLE RUSTIQUE

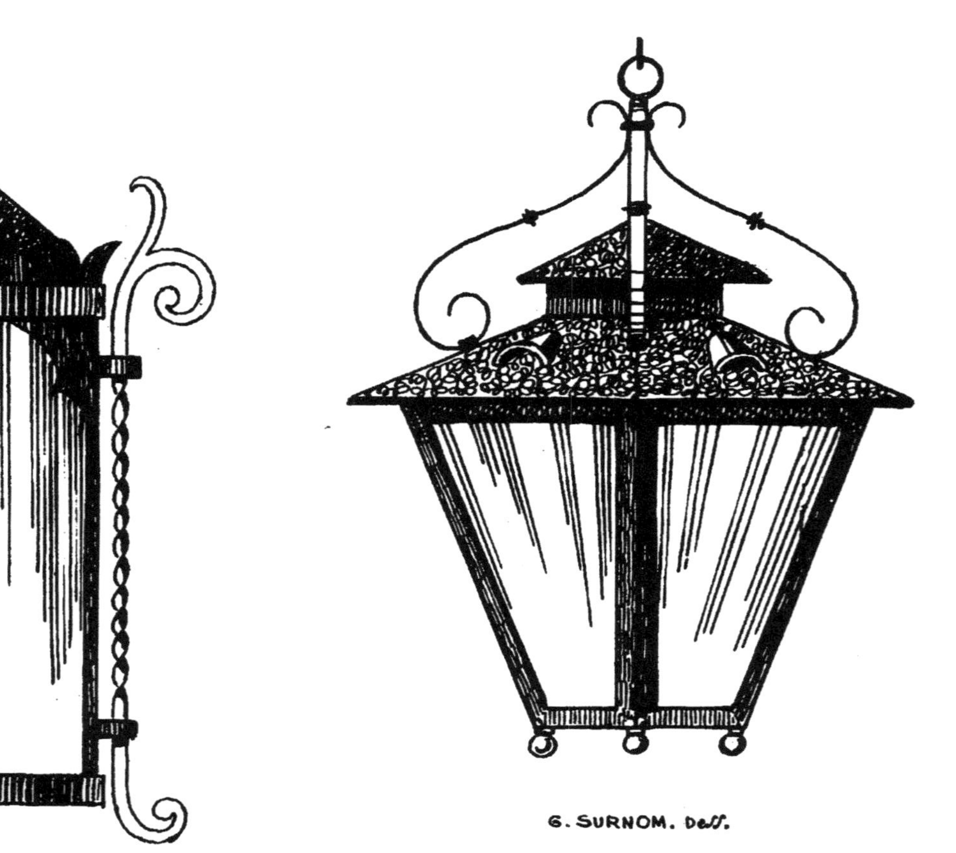

# PORTE-LANTERNES

# PORTE-LANTERNES

## STYLE RUSTIQUE

# LUSTRES

# LUSTRE

## STYLE RUSTIQUE

*8 lumières*

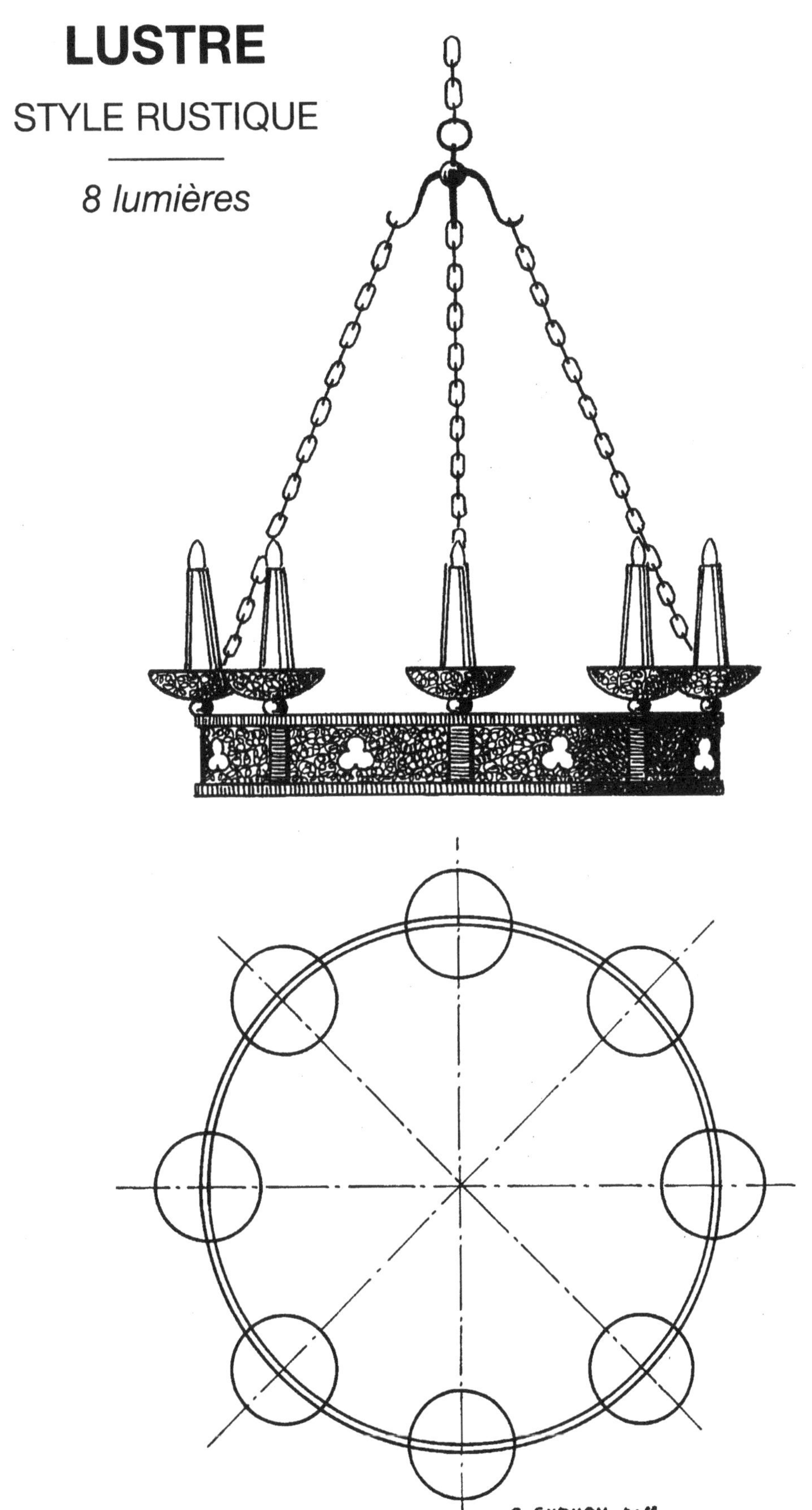

# LUSTRES

## STYLE RUSTIQUE

*6 lumières*

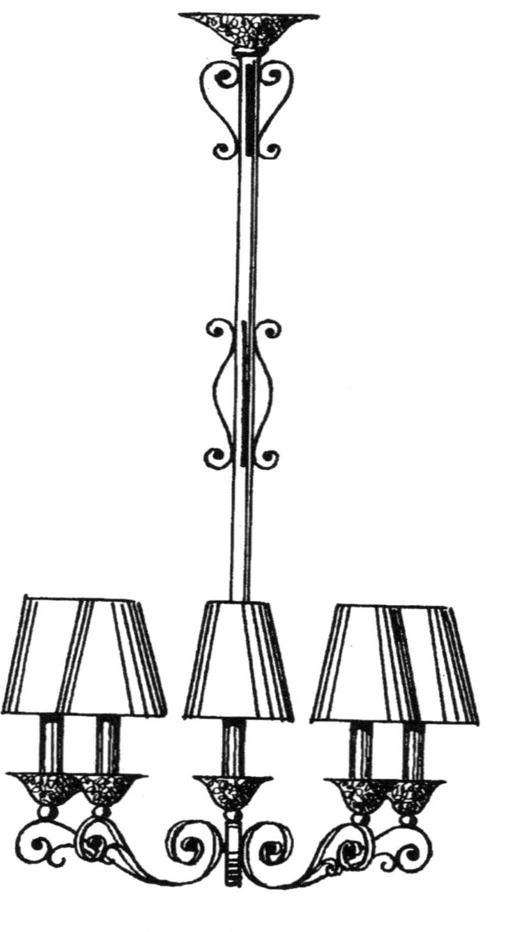


G. SURNOM. Dess.

# LUSTRE

## STYLE RUSTIQUE

*6 lumières*

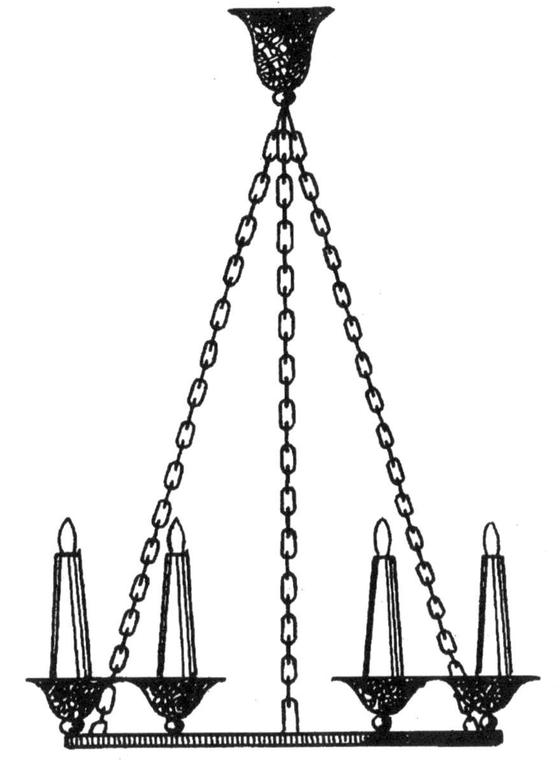

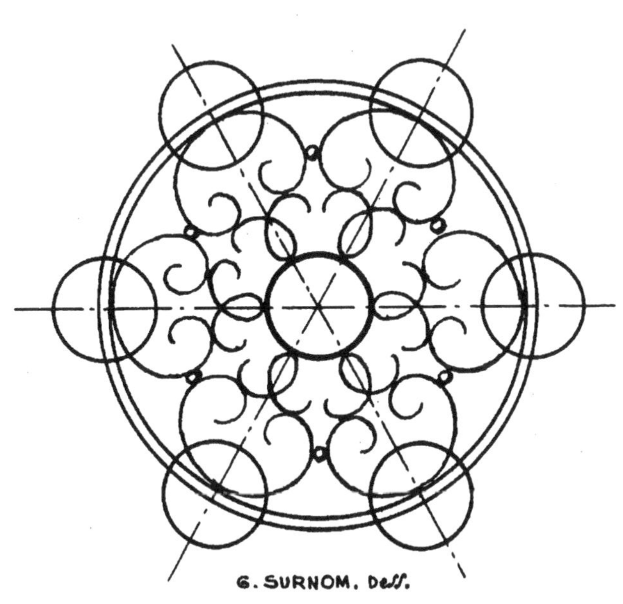

# LUSTRE

## STYLE LOUIS XIII

*4 lumières*

# LUSTRE

## STYLE RÉGENCE

*4 lumières*

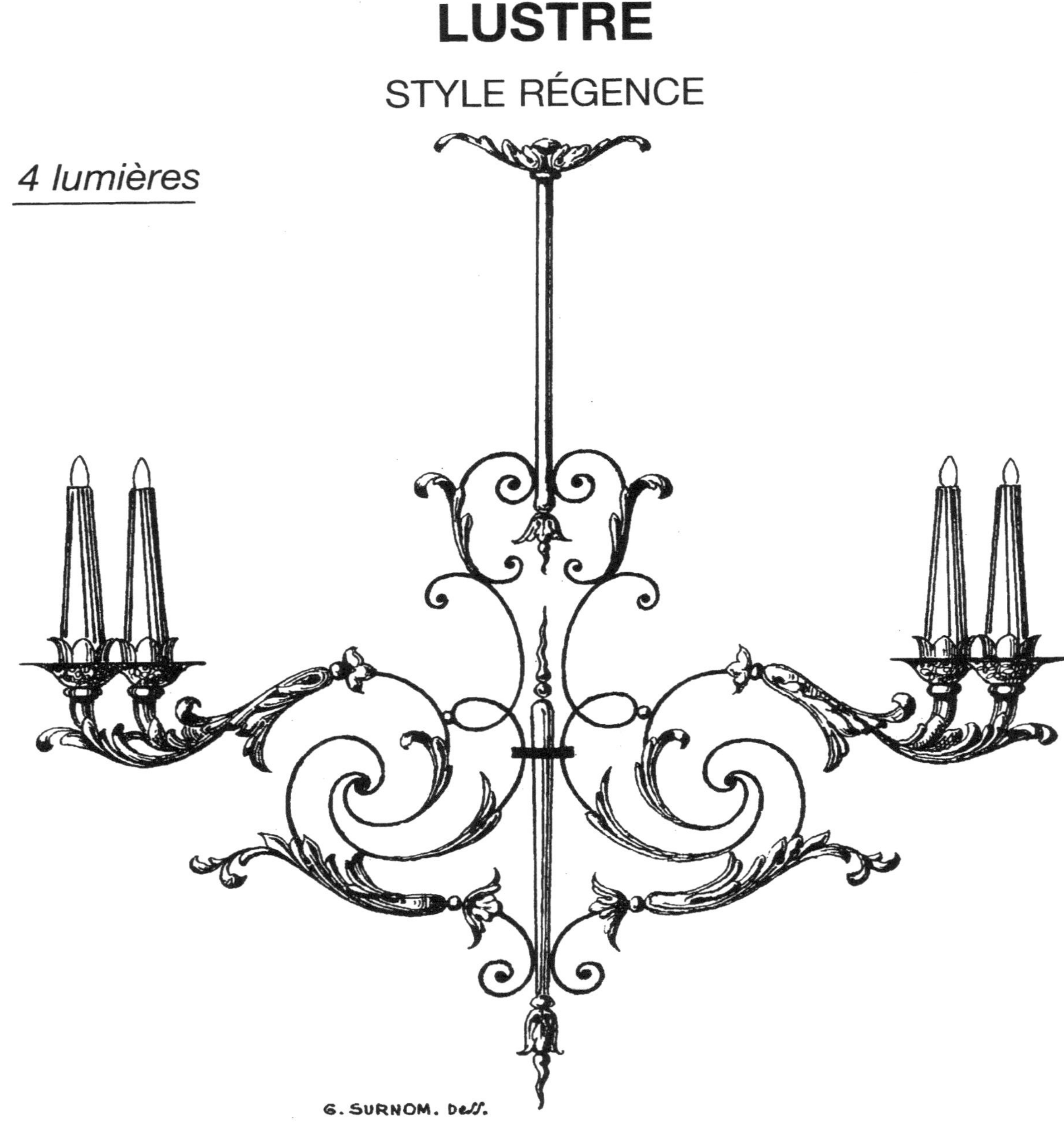

# LUSTRES

## STYLE LOUIS XV

*6 lumières*

# LUSTRE

## STYLE LOUIS XVI

*12 lumières*

# LUSTRE

## STYLE MODERNE

---

*6 lumières*

# LUSTRE

STYLE MODERNE

*6 lumières*

# VITRINES

# VITRINES

## STYLE MODERNE

# GRILLES DE
# FONDS DE VITRINES

# GRILLES DE FONDS DE VITRINE

## STYLE MODERNE

# CONSOLES

# CONSOLES

## STYLES DIVERS

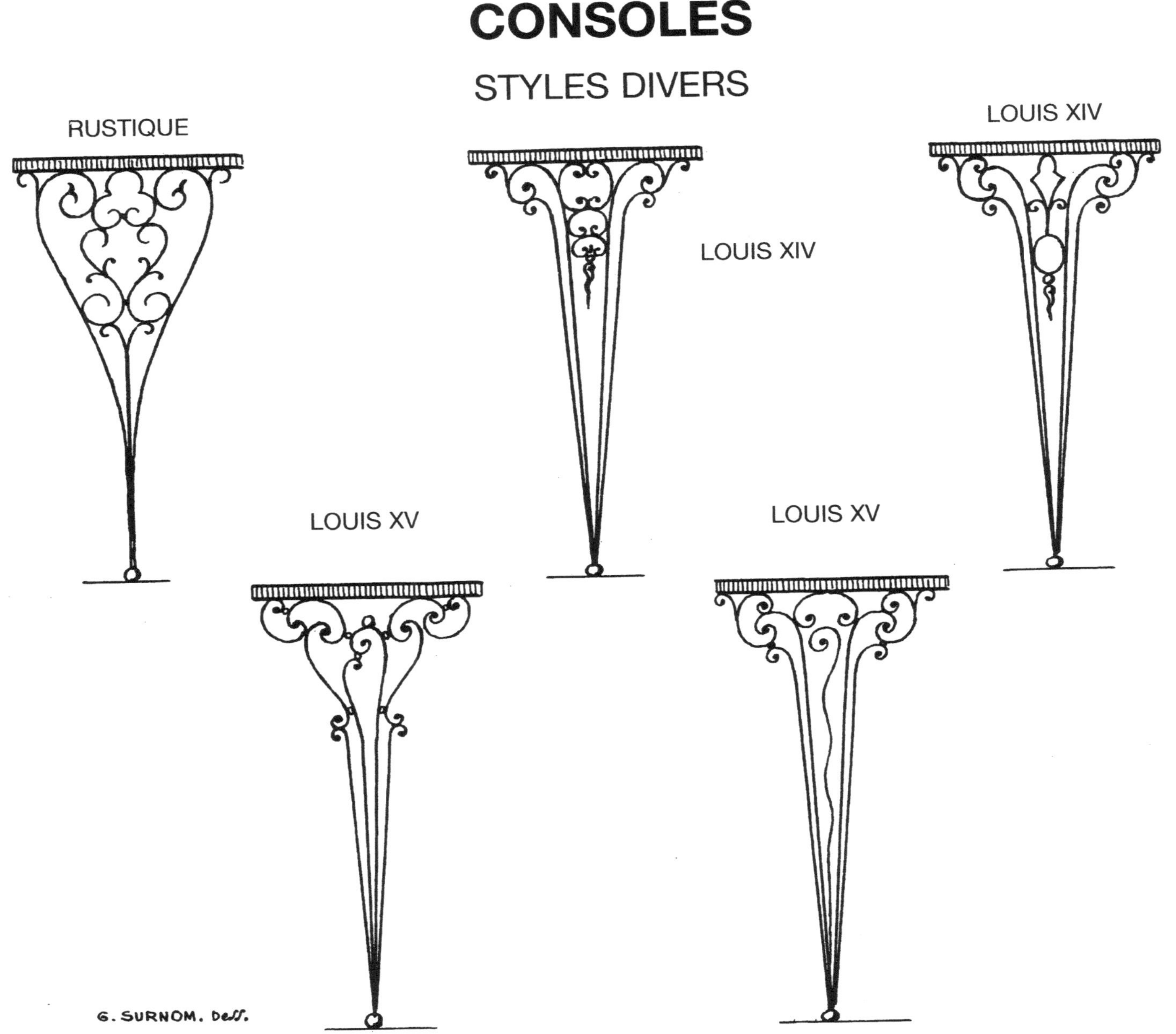

# CONSOLES

## STYLE LOUIS XV

# CONSOLES

## STYLE LOUIS XV

# CONSOLES

## STYLE MODERNE

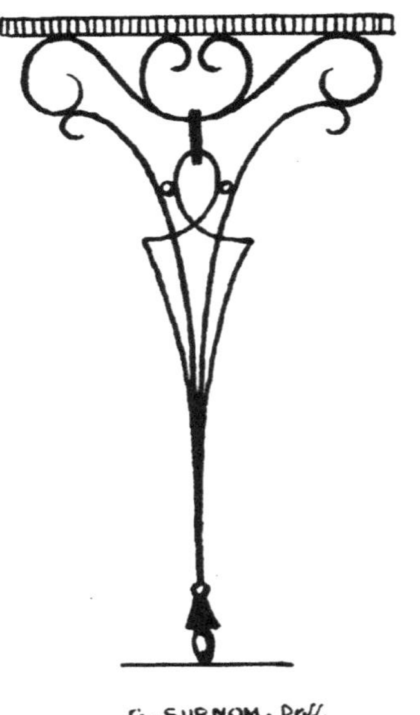


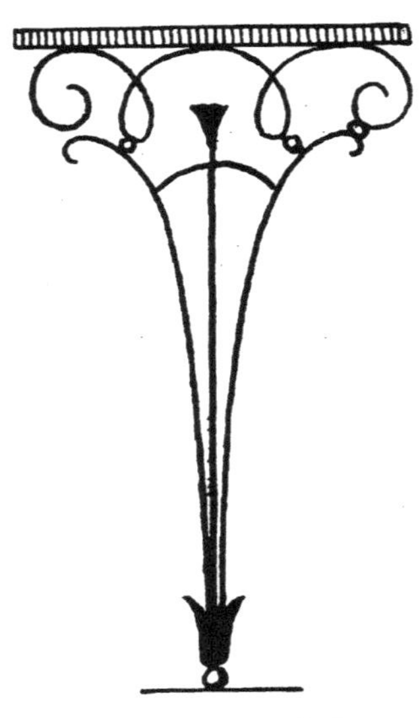


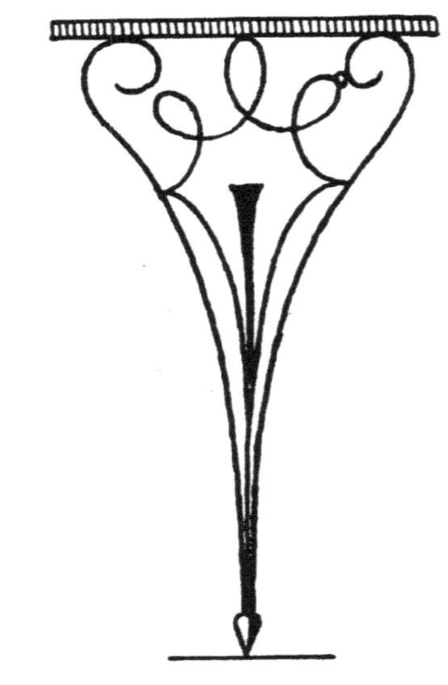

# GUÉRIDONS

# GUÉRIDONS

## STYLE RUSTIQUE

# GUÉRIDONS

## STYLE LOUIS XV

# GUÉRIDONS

STYLE MODERNE

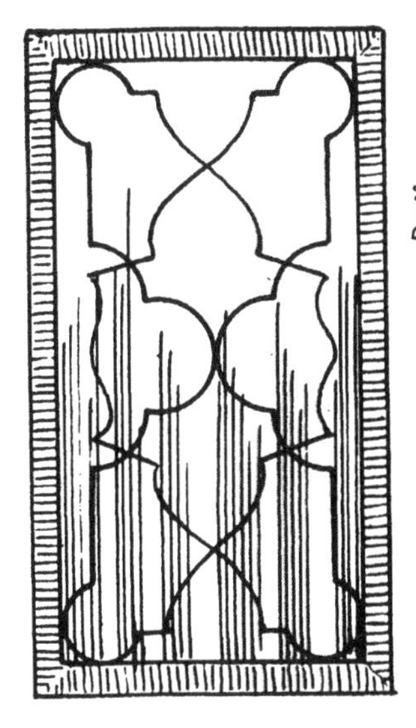

# GUÉRIDON

STYLE MODERNE

# PIÉTEMENTS DE TABLES

# PIÈTEMENTS DE TABLES

## STYLE MODERNE

# TABLES DE SALON

# TABLES DE SALON

## STYLE LOUIS XV

## STYLE MODERNE

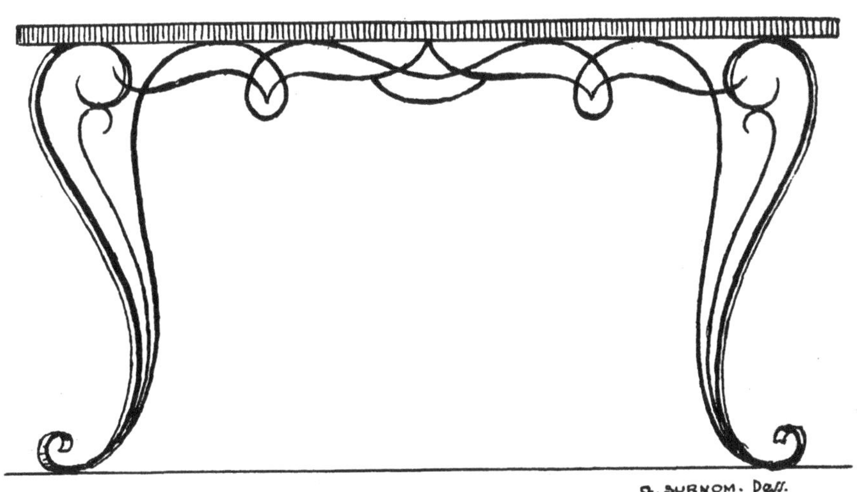

# TABLE DE SALON

STYLE MODERNE

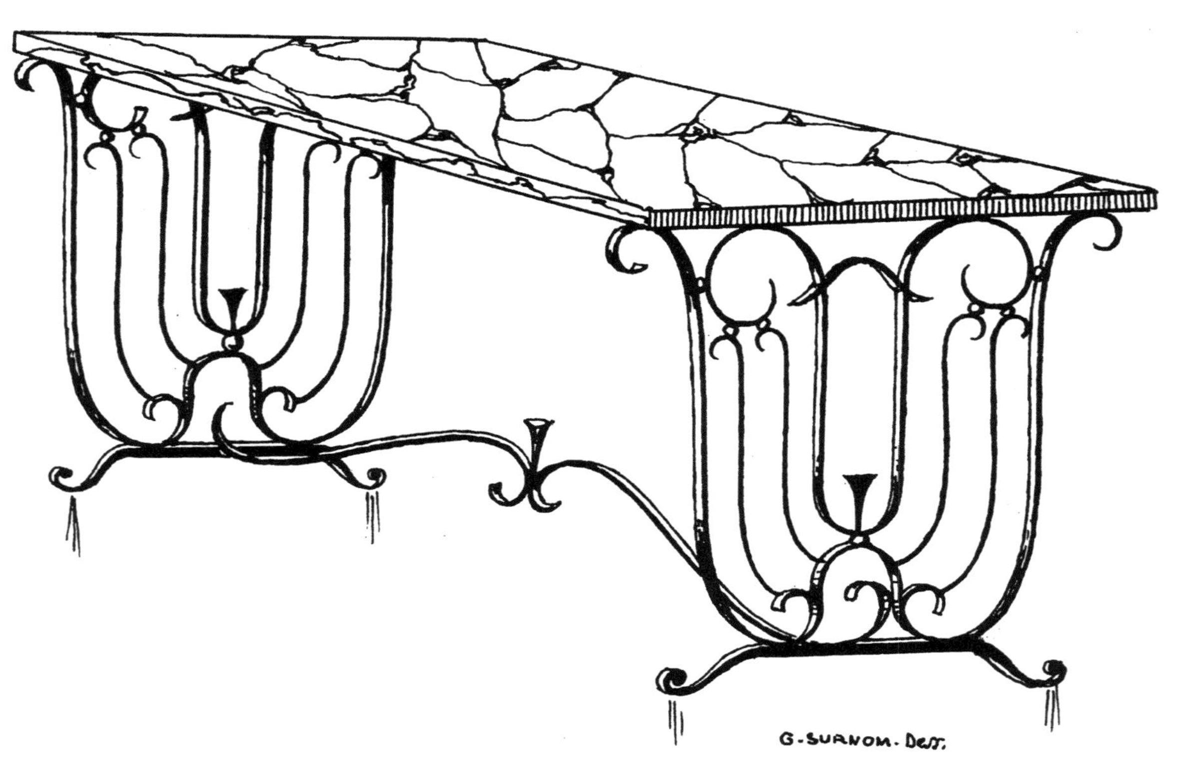

# AQUARIUM DE SALON

# AQUARIUM DE SALON

## STYLE RUSTIQUE

# CENDRIERS

# CENDRIERS

## STYLE RUSTIQUE

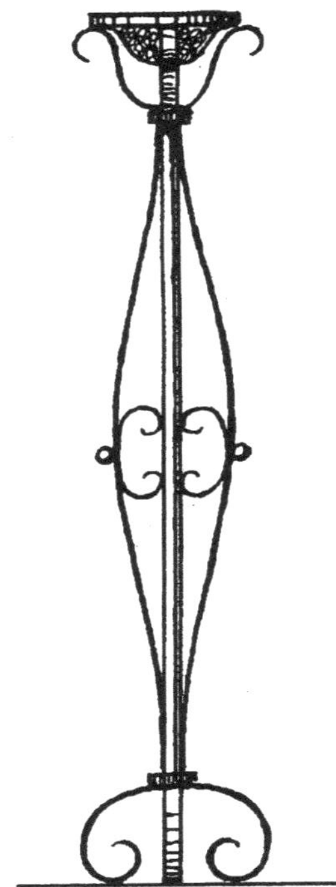

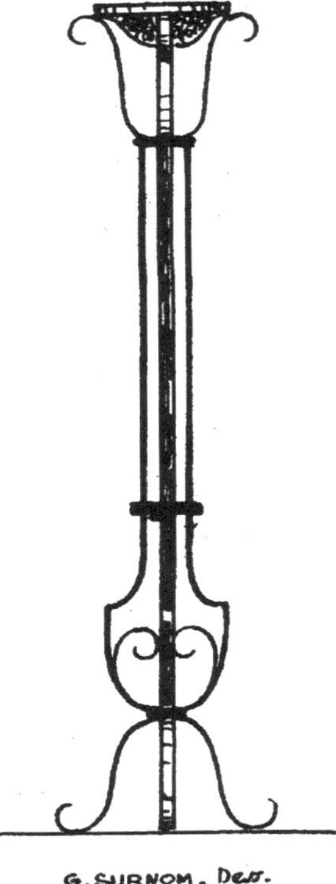

# SERRE-LIVRES

# SERRE-LIVRES

## STYLE MODERNE

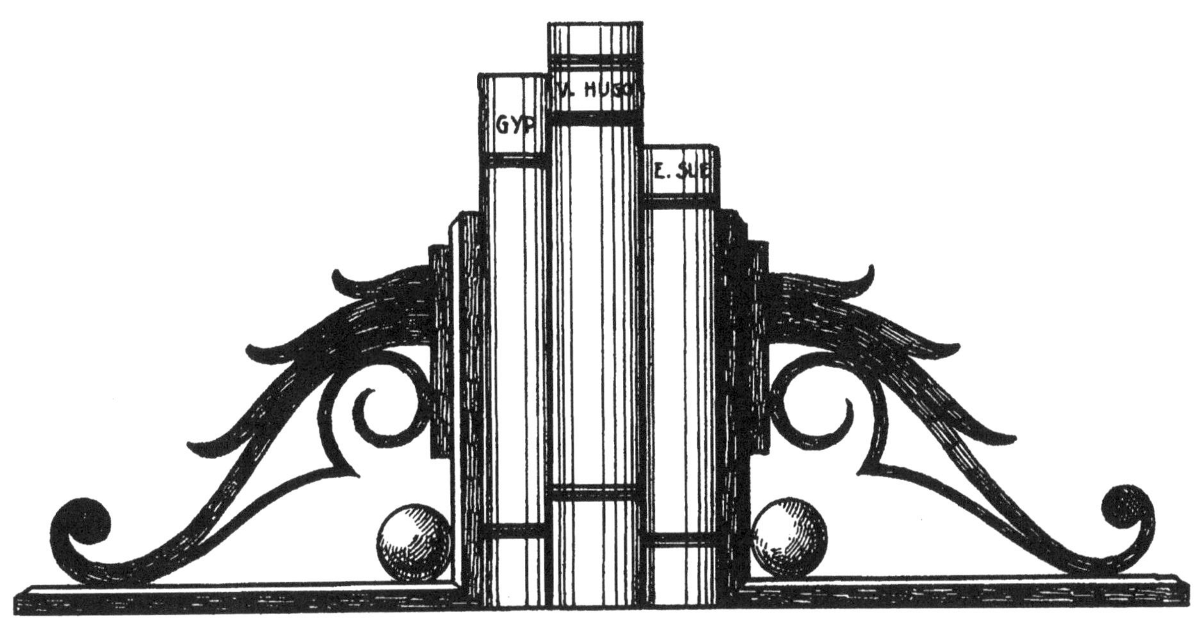


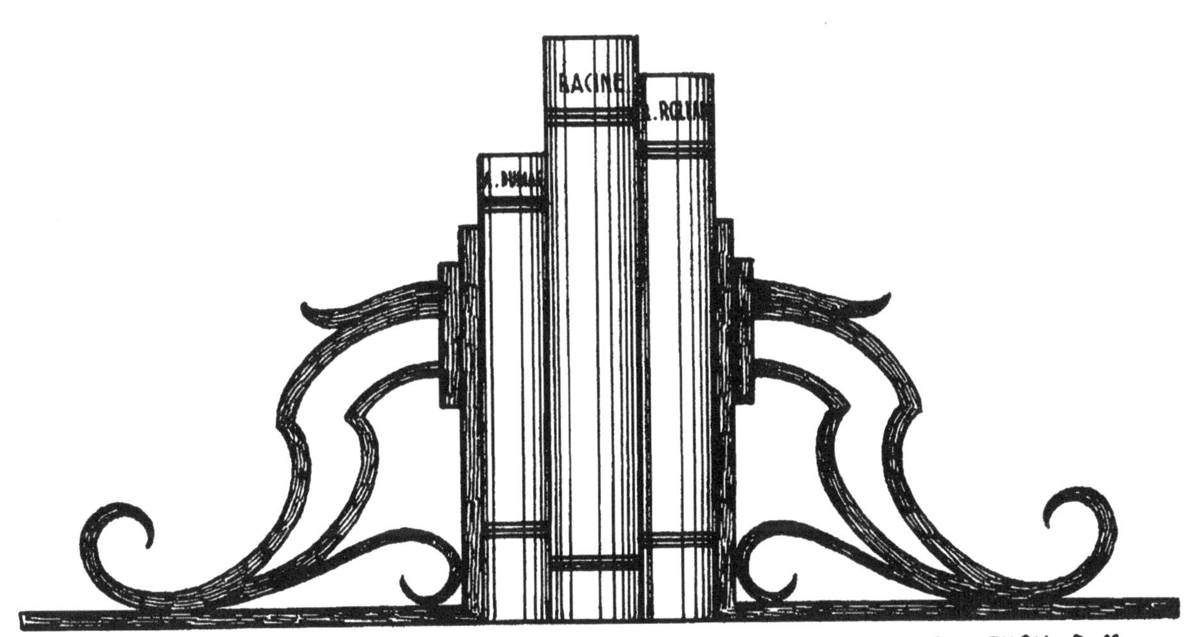

# PLAFOND VITRÉ

# PLAFOND VITRÉ

## STYLE MODERNE

G. SURNOM. Dess.

# PORTE-POTS DE FLEURS

# PORTE-POTS DE FLEURS

## STYLE MODERNE

# PORTE-POTS DE FLEURS

## STYLE MODERNE

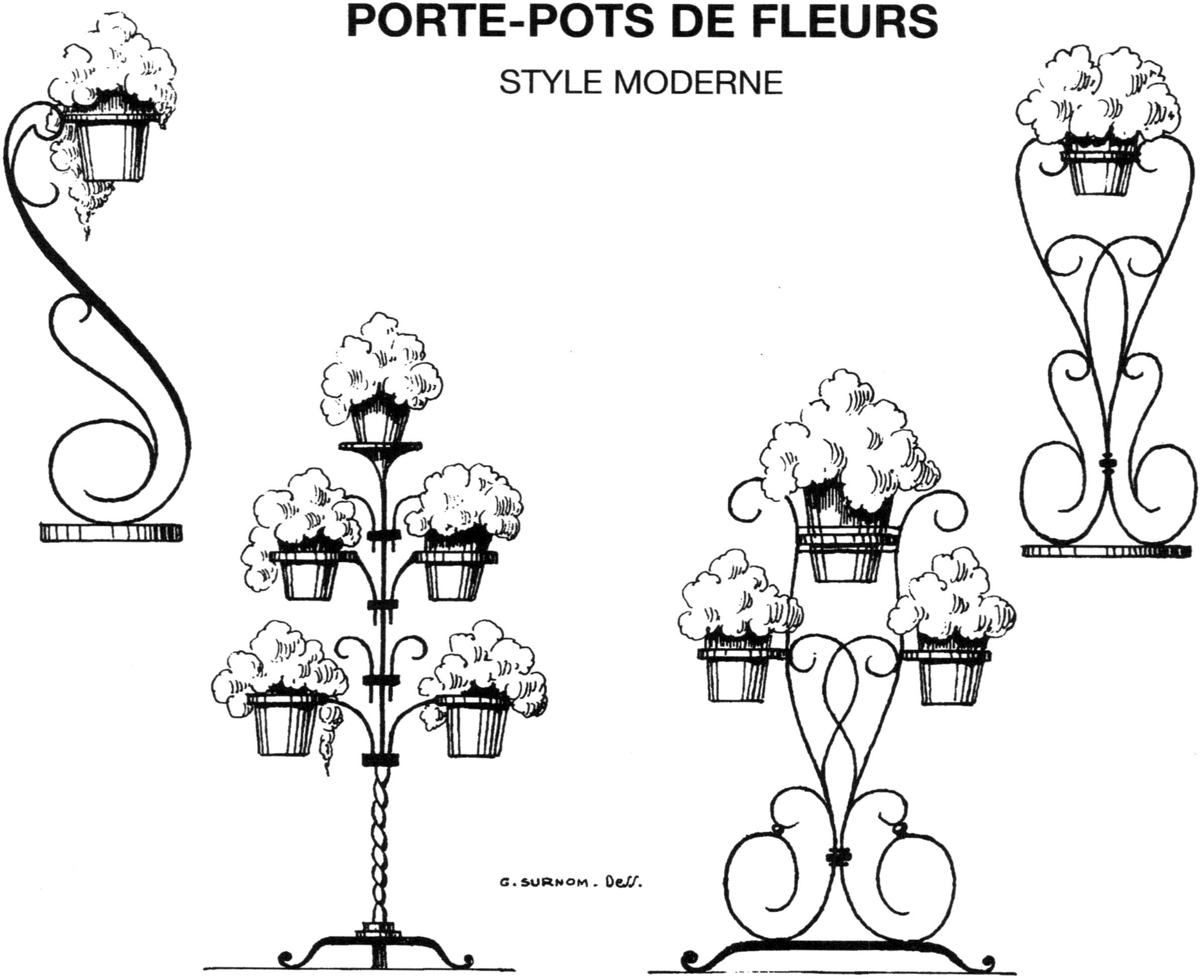

G. SURNOM. Dess.

# PORTE-POTS DE FLEURS MURAUX

## STYLE MODERNE

# PORTE-POTS DE FLEURS POUR ÉTAGÈRE

## STYLE MODERNE

G. SURNOM. Del.

# CHENÊTS

# CHENÊTS

## STYLE RUSTIQUE

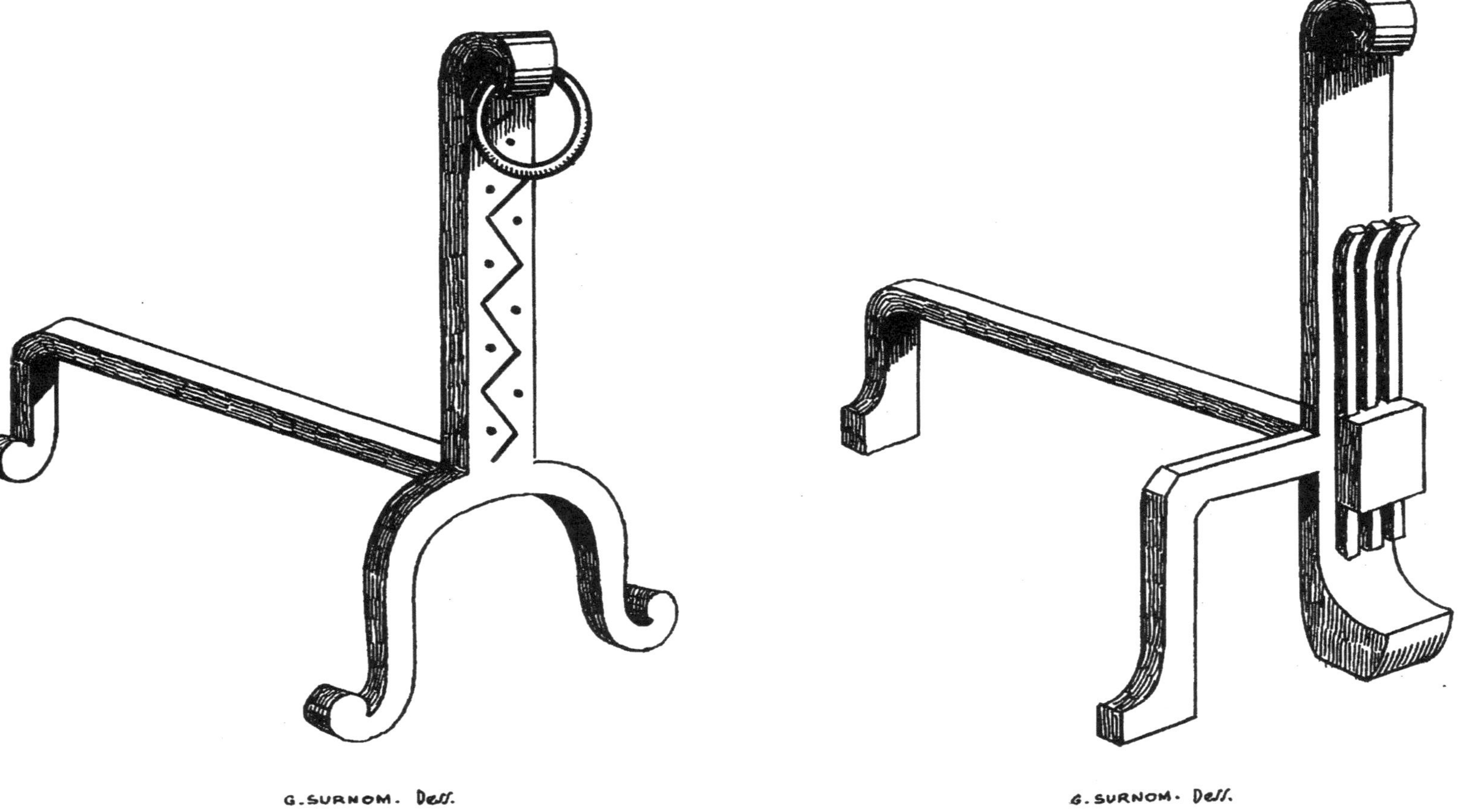

# CHENÊTS

## STYLE MODERNE

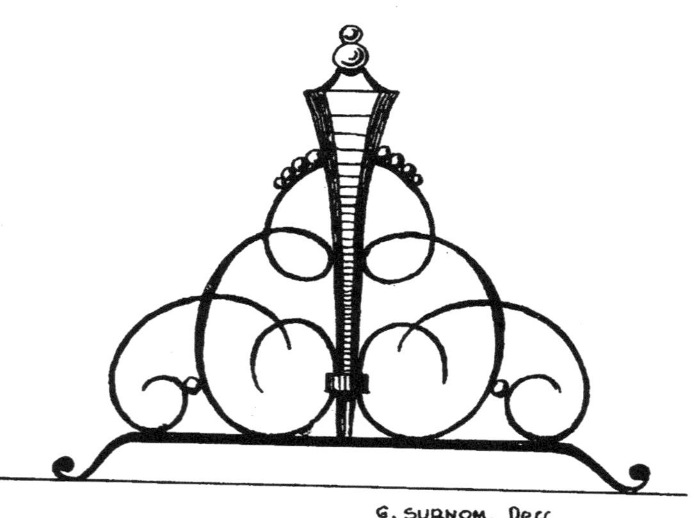

# CHENÊTS

## STYLE MODERNE

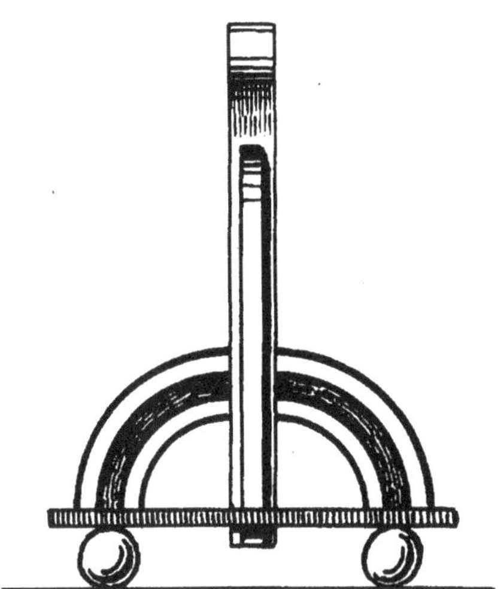

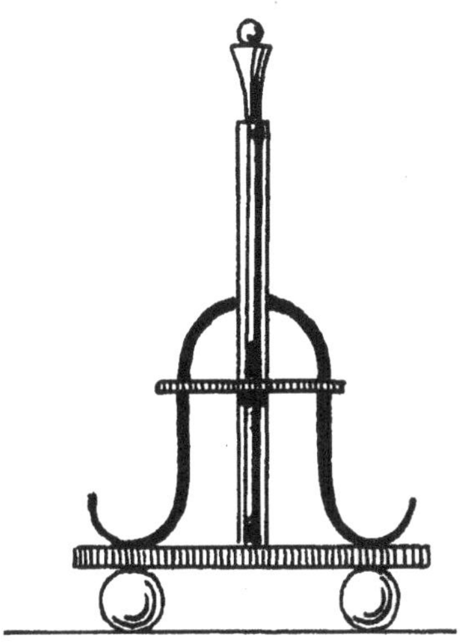

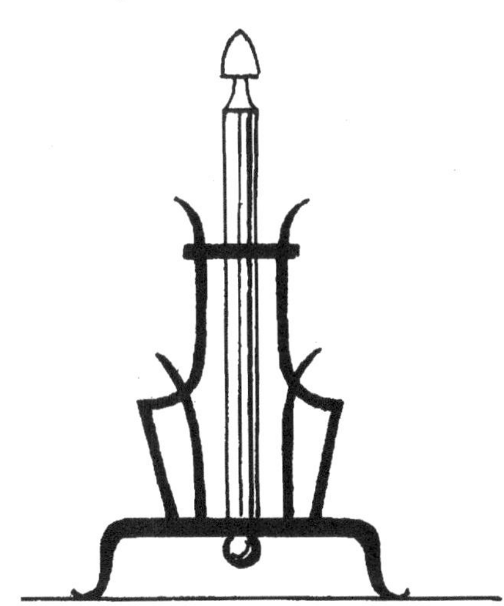

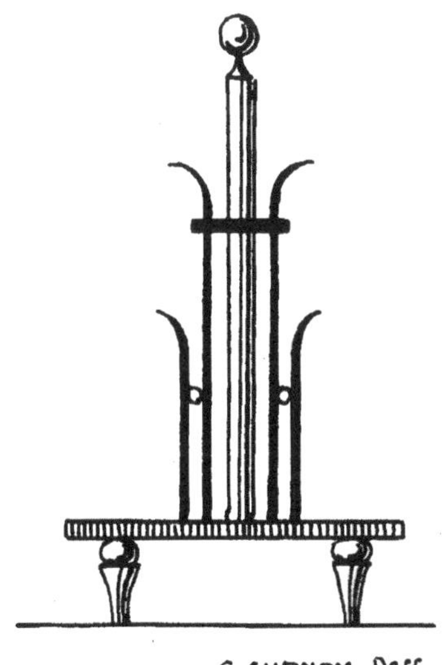

# APPLIQUES

# APPLIQUES

## STYLE RUSTIQUE

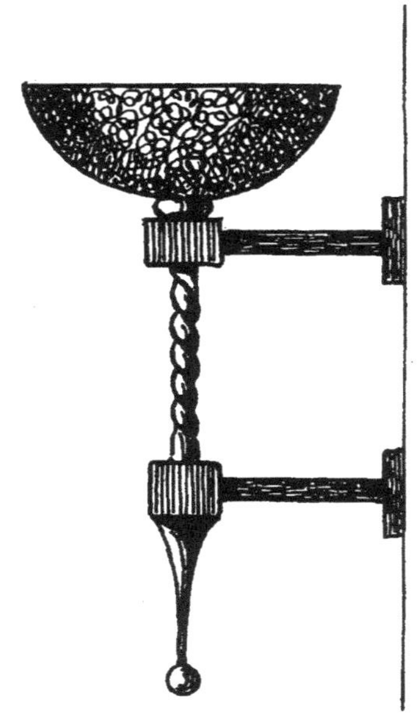

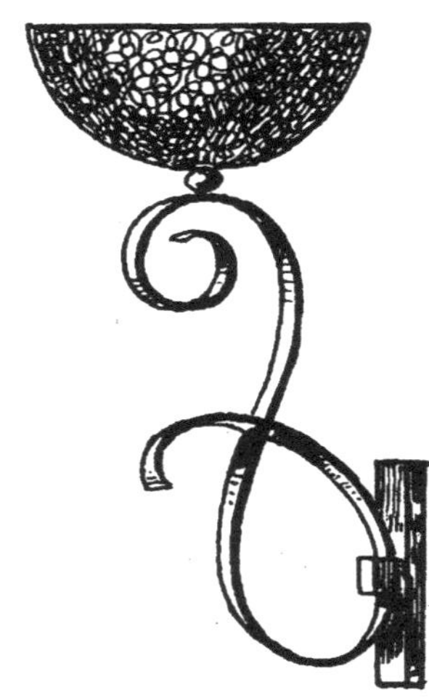

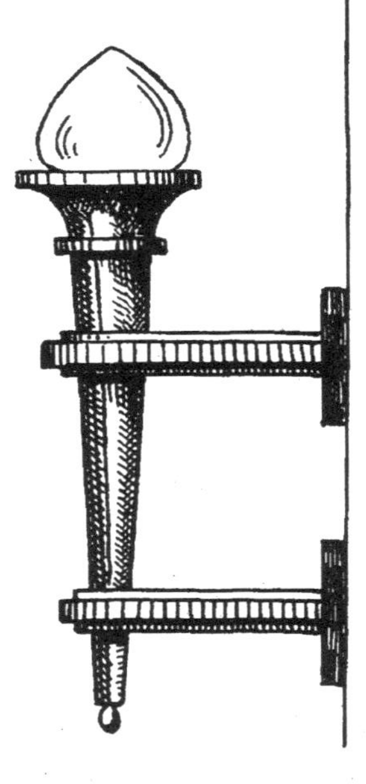

G. SURNOM. Dess.

# APPLIQUES

## STYLE RUSTIQUE

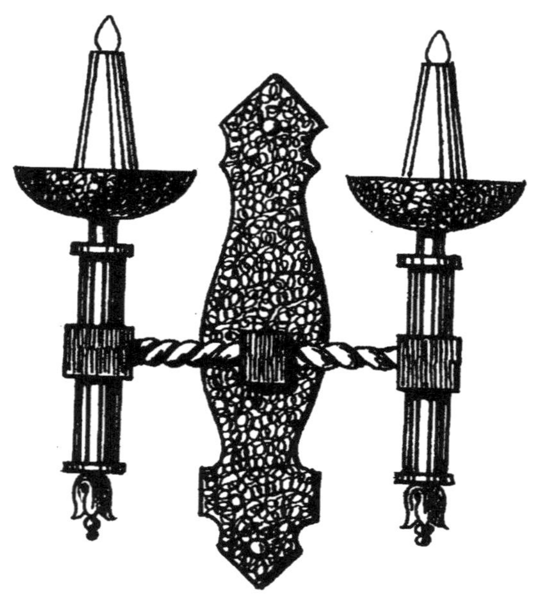

# APPLIQUES

STYLE RENAISSANCE

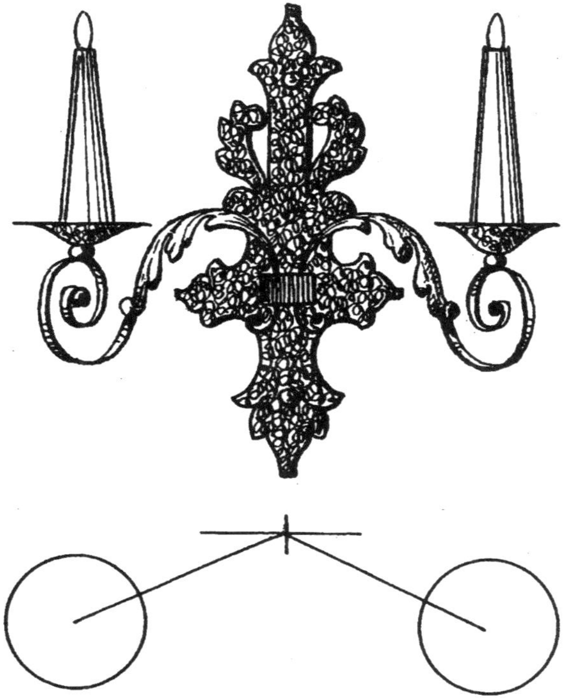

STYLE LOUIS XIII

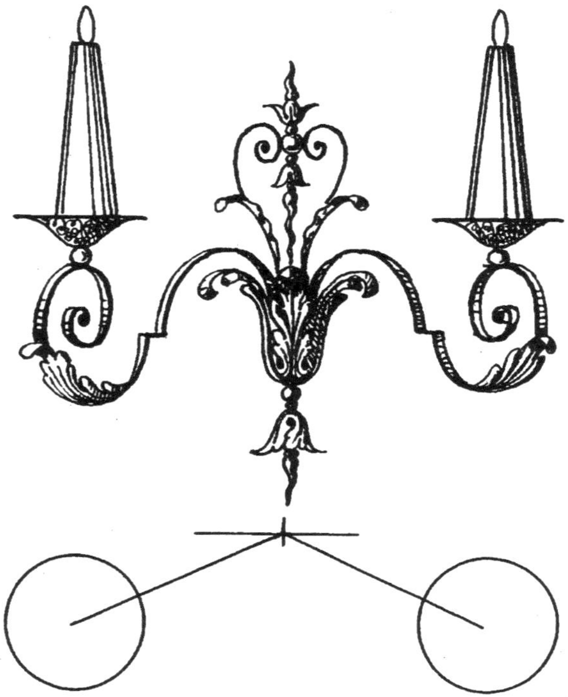

G. SURNOM. Dess.

# APPLIQUES

## STYLE LOUIS XIV

# APPLIQUES

## STYLE LOUIS XV

# APPLIQUES

## STYLE LOUIS XVI

# APPLIQUES

## STYLE EMPIRE

# APPLIQUES

## STYLE MODERNE

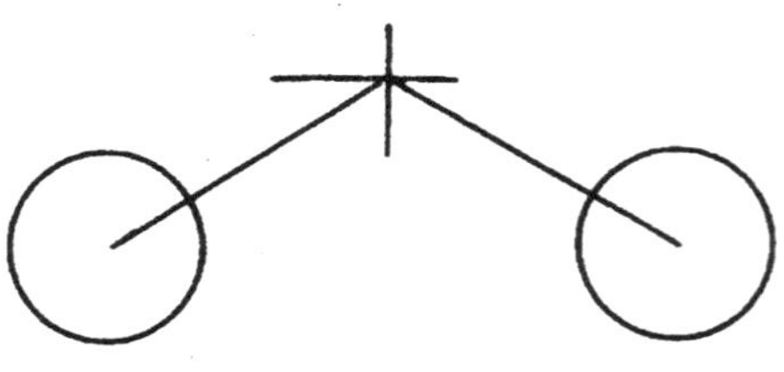

G. SURNOM. Dess.

# APPLIQUES

## STYLE MODERNE

# APPLIQUES

## STYLE MODERNE

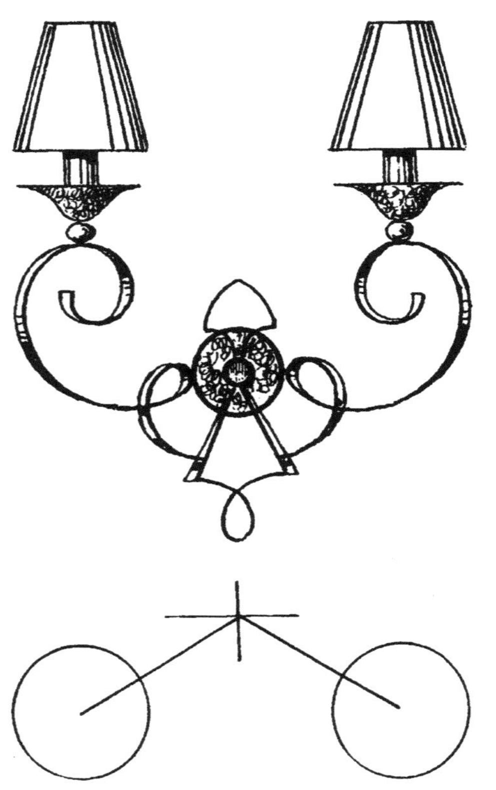

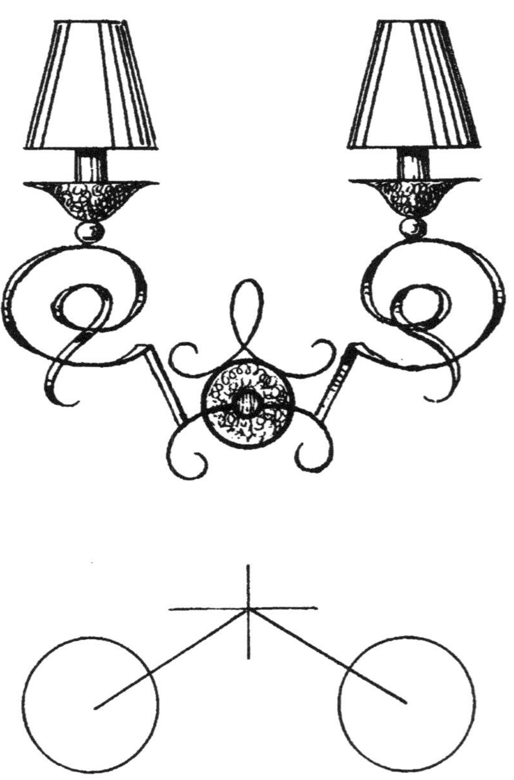

# GIRANDOLES

# GIRANDOLE

## STYLE LOUIS XIII

# BOUTS DE TABLE

# BOUTS DE TABLE

## STYLE RENAISSANCE

# BOUTS DE TABLE

## STYLE MODERNE

# LAMPES DE TABLE

# LAMPES DE TABLE

## STYLE MODERNE

# LAMPES DE TABLE

## STYLE MODERNE

# LAMPADAIRES

# LAMPADAIRES

## STYLE RUSTIQUE

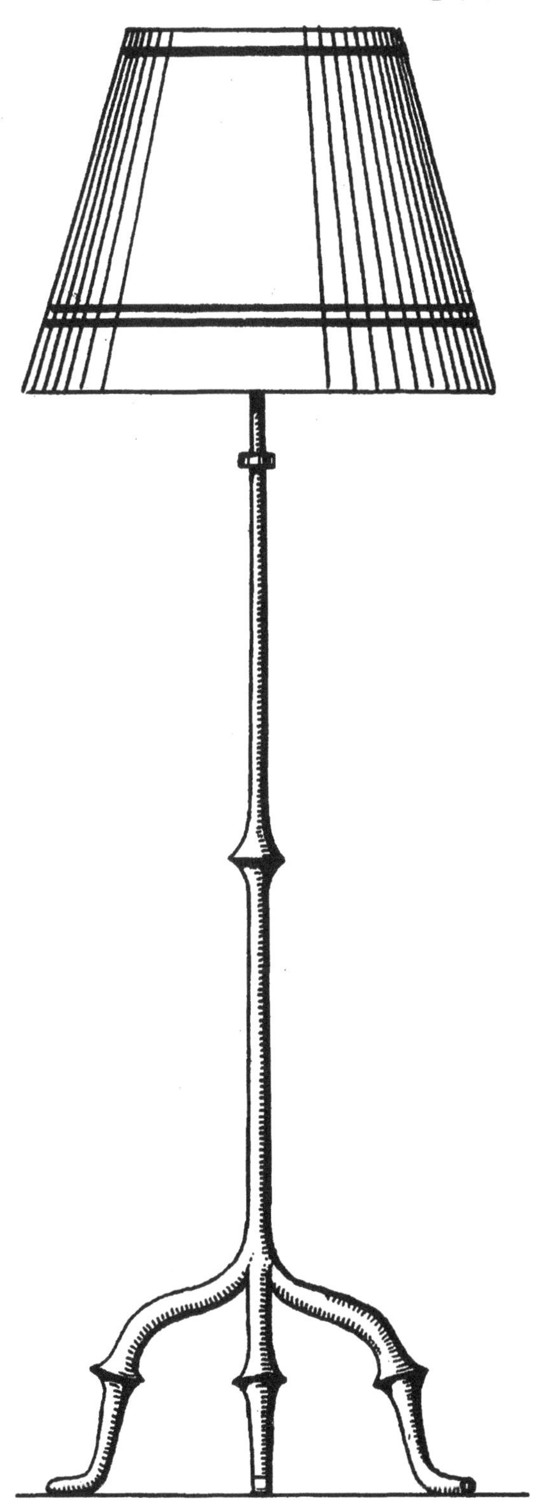

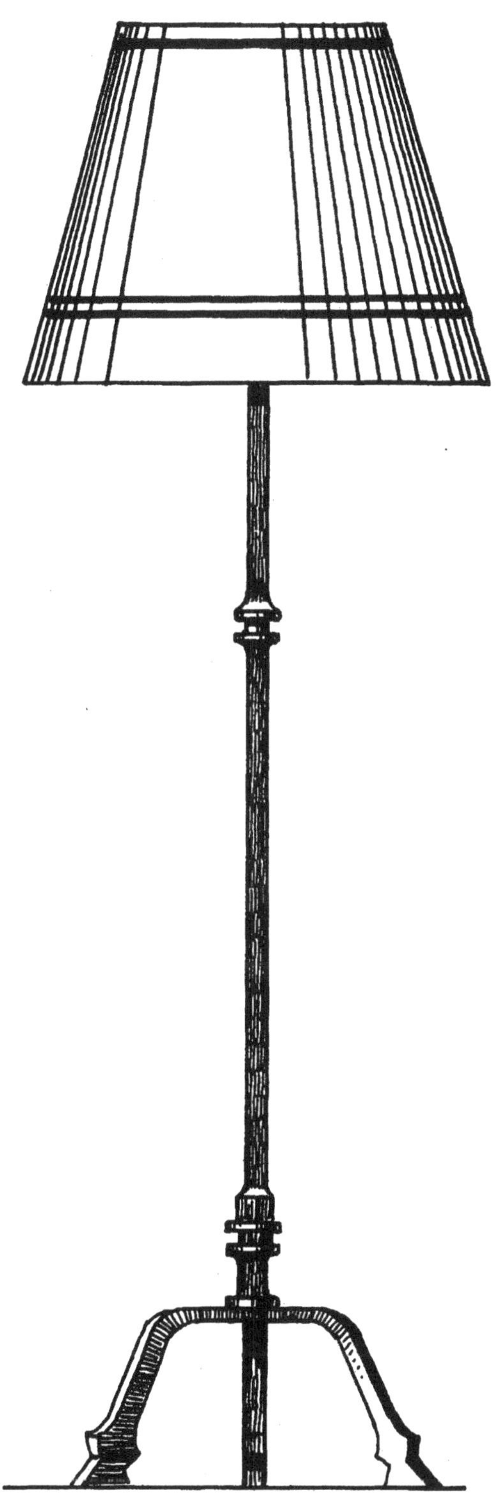

# LAMPADAIRES

## STYLE LOUIS XIV

G. SURNOM Dess.

# LAMPADAIRE

## STYLE LOUIS XV

G.SURNOM. Dess.

# LAMPADAIRES

## STYLE LOUIS XVI

# LAMPADAIRES

## STYLE EMPIRE

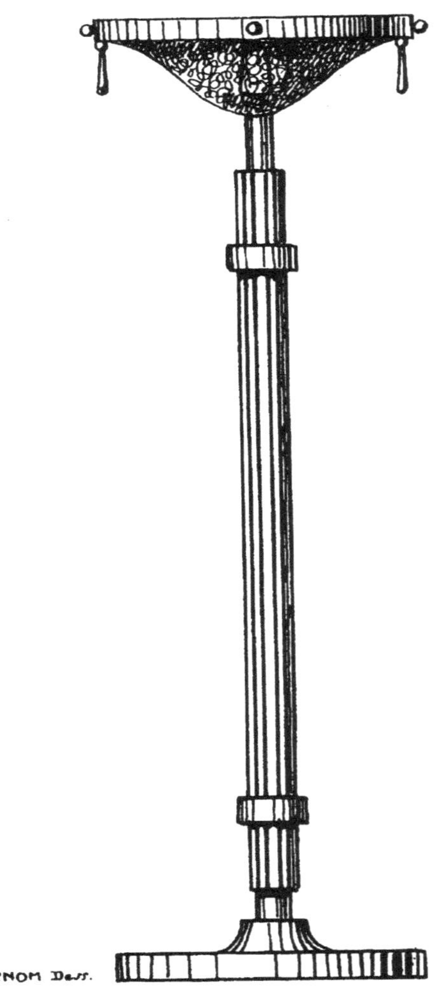


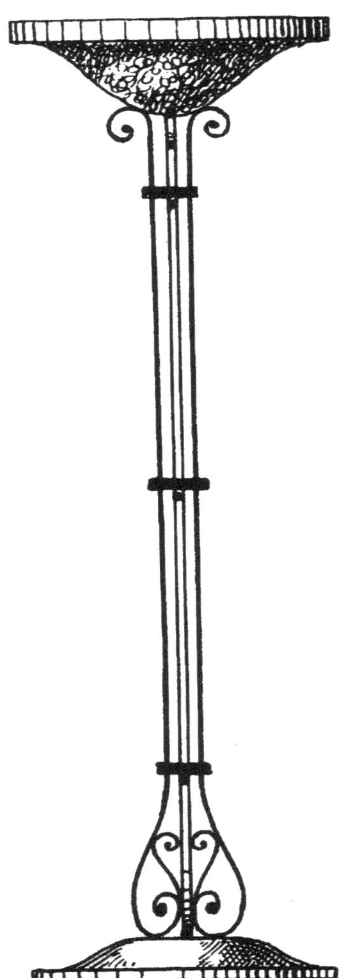

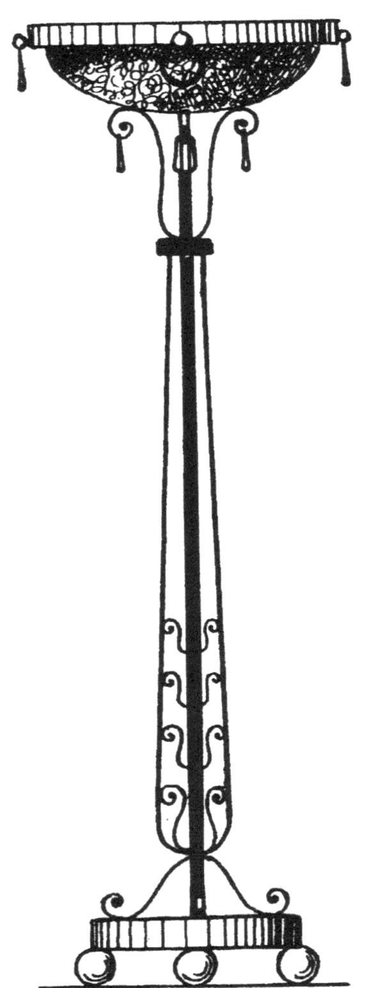

# LAMPADAIRES

## STYLE MODERNE

# LAMPADAIRES

## STYLE MODERNE

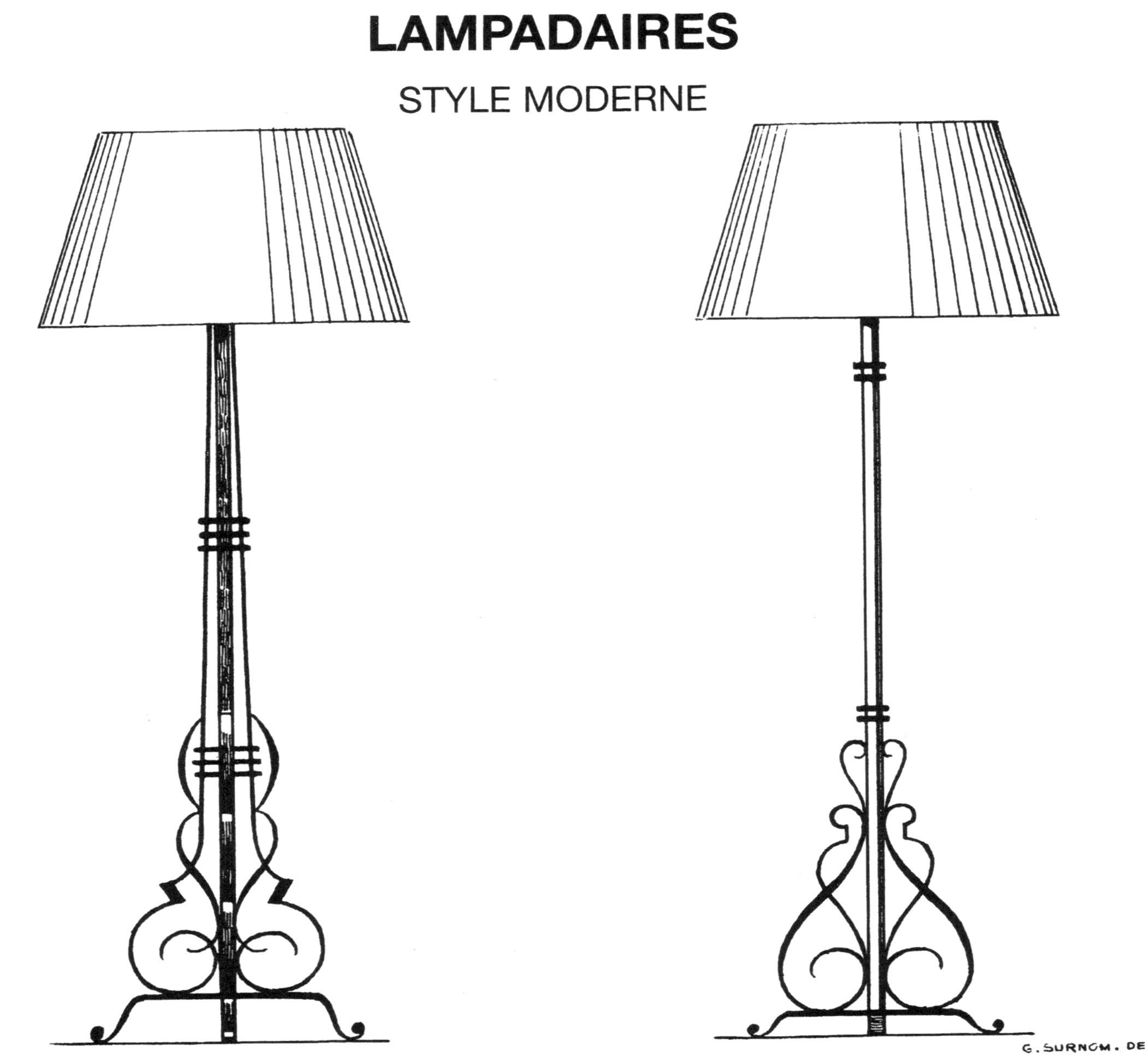

# LAMPADAIRES

## STYLE MODERNE

# LAMPE DE BRIDGE

## STYLE MODERNE

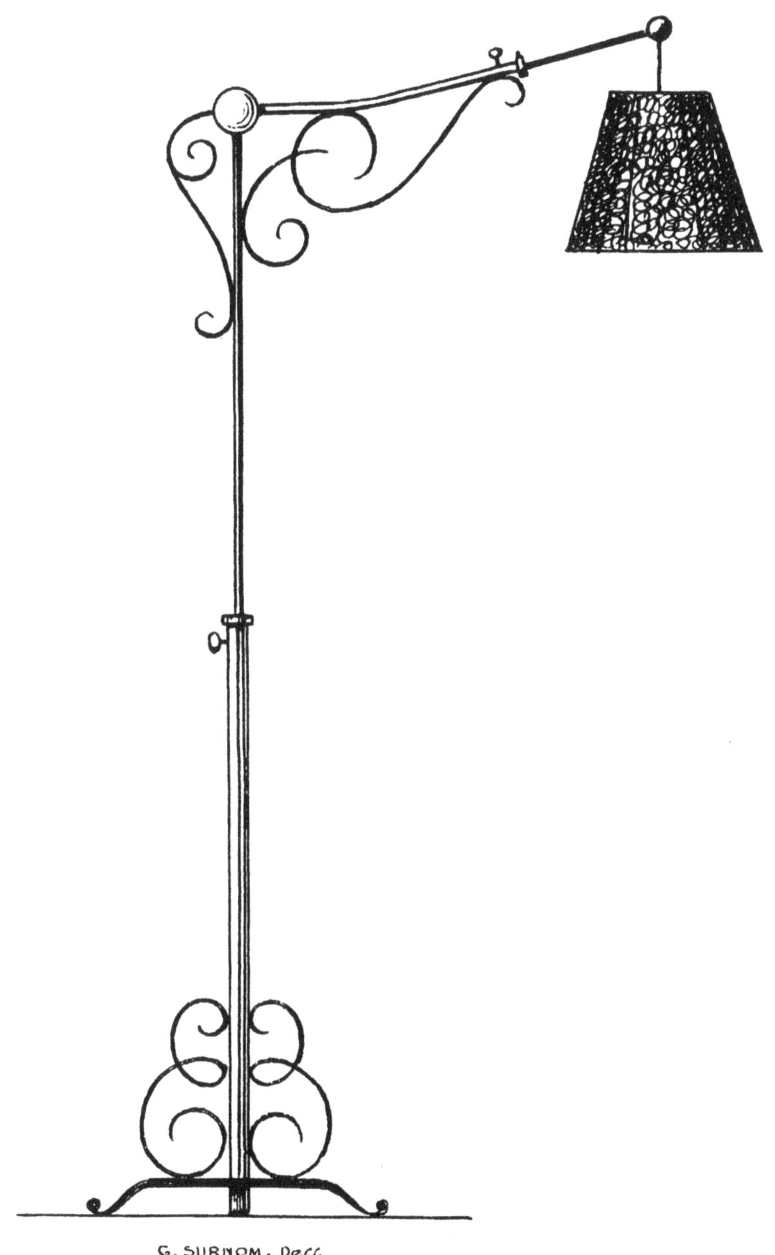

# VESTIAIRES

# VESTIAIRE

STYLE LOUIS XV

# VESTIAIRES

## STYLE MODERNE

# CACHE-RADIATEURS

# CACHE-RADIATEURS

## STYLE RUSTIQUE

# CACHE-RADIATEUR

## STYLE RÉGENCE

# CACHE-RADIATEUR

## STYLE LOUIS XV

# CACHE-RADIATEURS

## STYLE LOUIS XVI

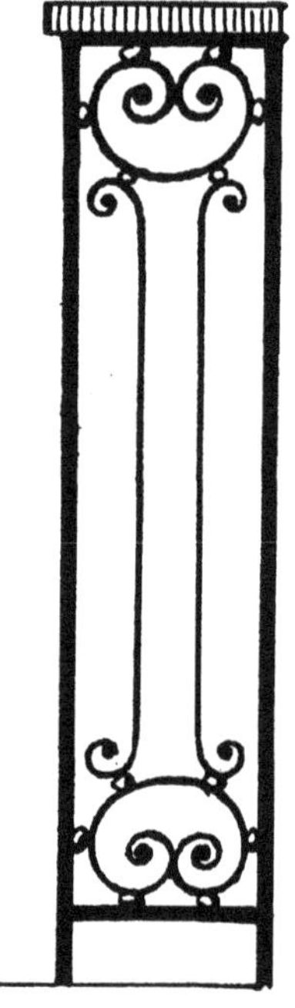

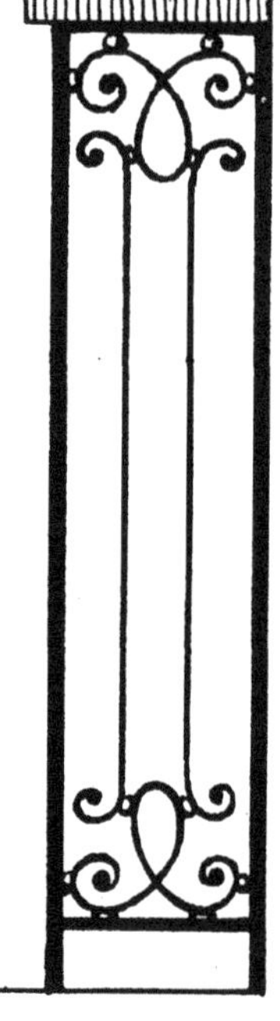

# CACHE-RADIATEUR

## STYLE EMPIRE

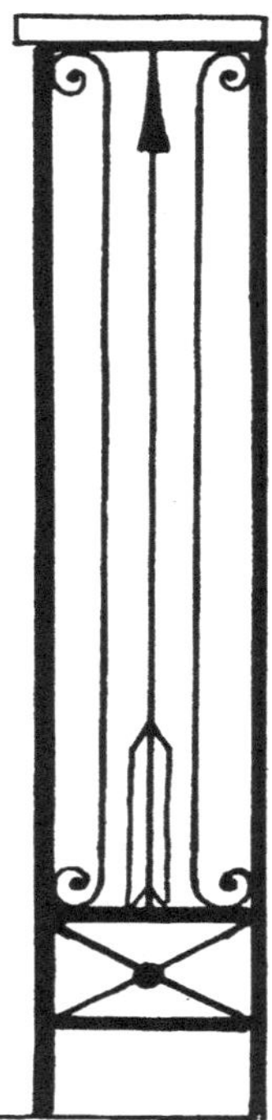

G. SURNOM, Dess.

# CACHE-RADIATEUR

## STYLE MODERNE

# CACHE-RADIATEURS

## STYLE MODERNE

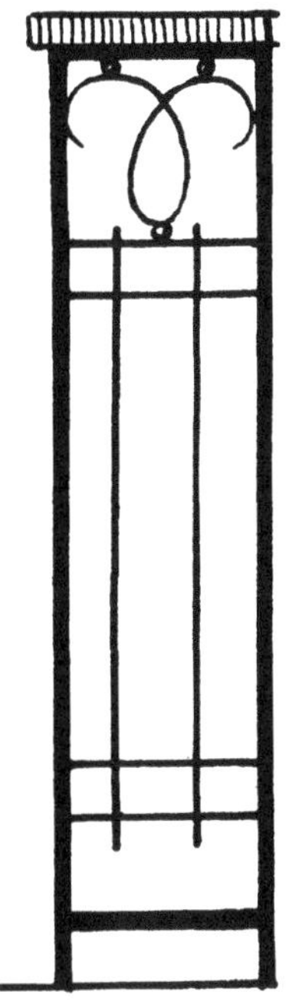

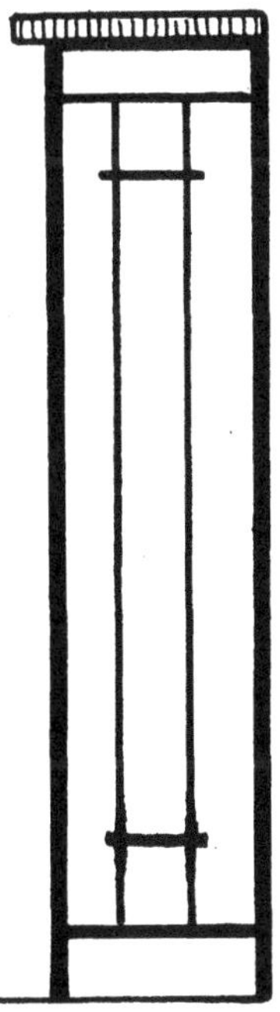

# SIÈGES

# SIÈGES

## STYLE MODERNE

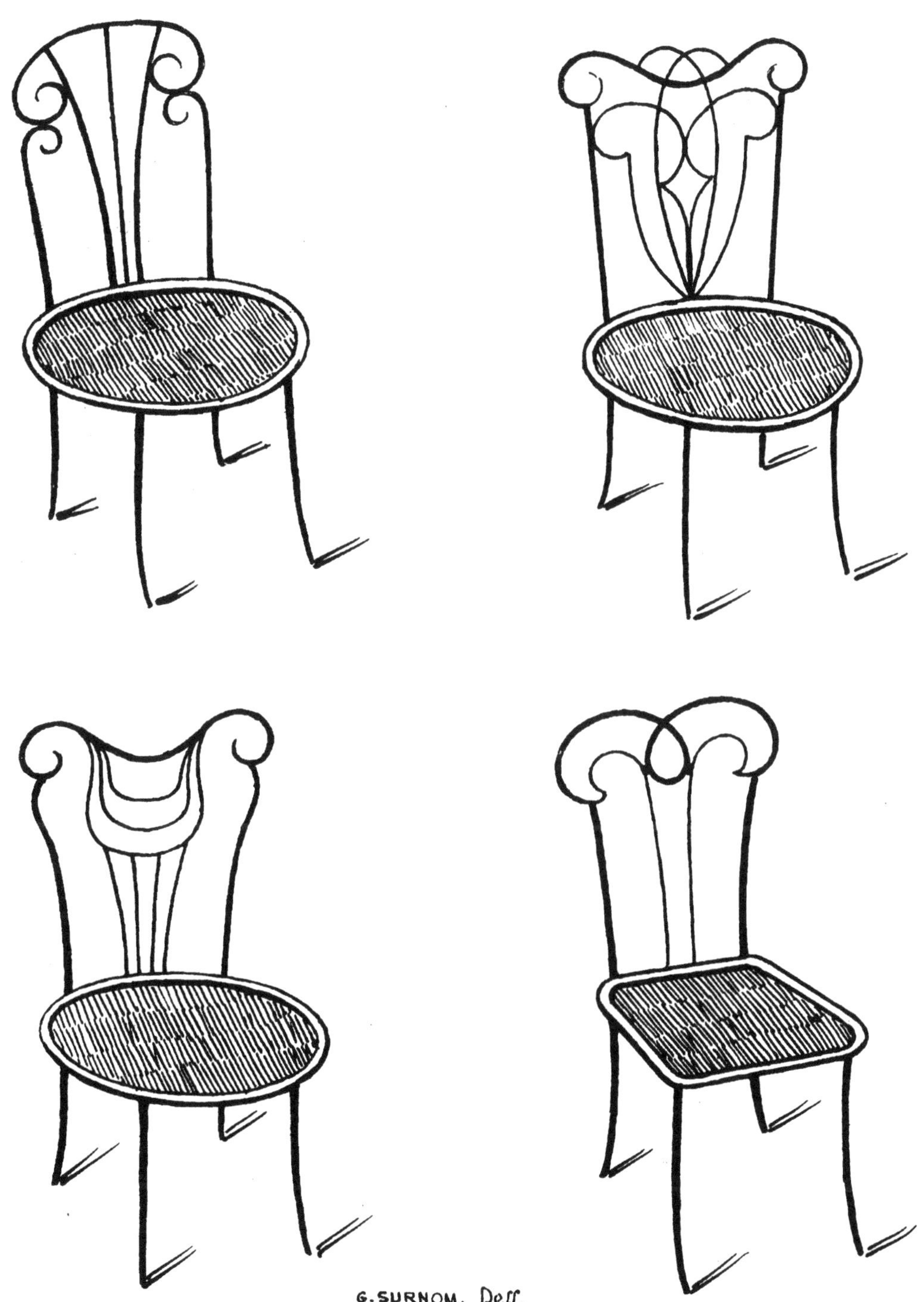

# SIÈGES EN TUBE

## STYLE MODERNE

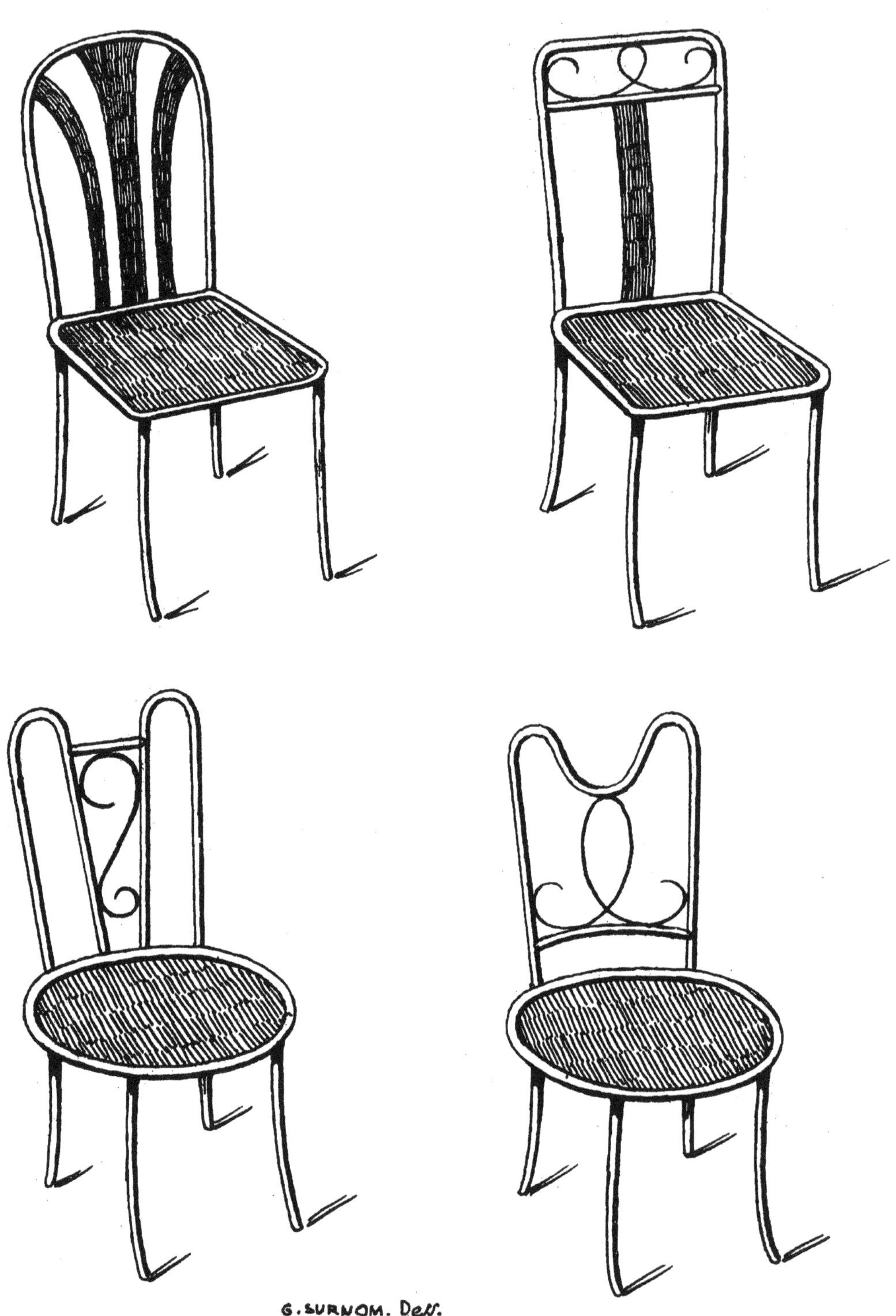

# GARNITURES
# DE PUITS

# GARNITURES DE PUITS

## STYLE RUSTIQUE

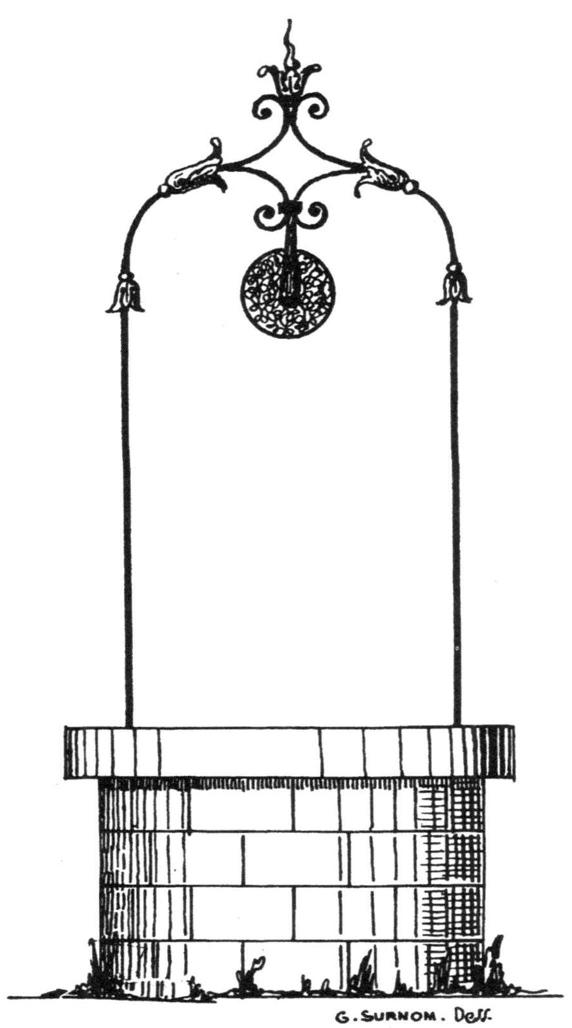


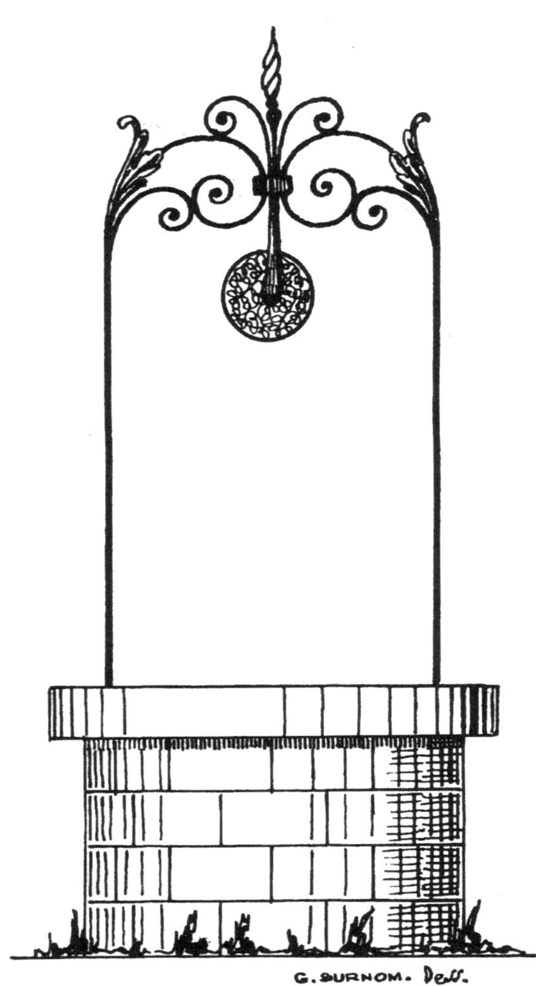

# ORNEMENTS D'ÉGLISE

# CHANDELIERS D'AUTEL

# PORTE-CIERGES

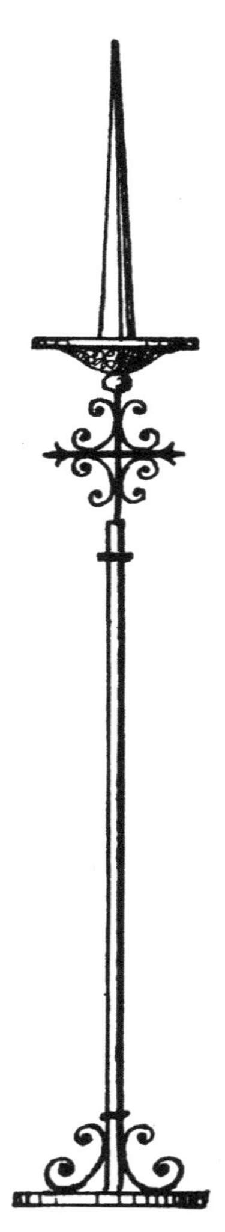

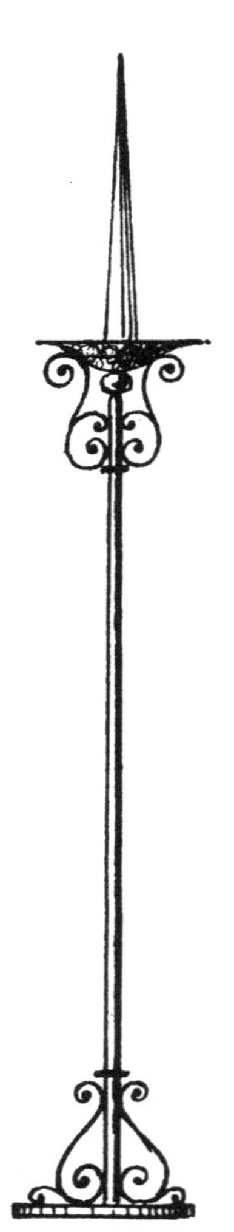

G. SURNOM . Dess.

# PORTE-CIERGES

# LUSTRE

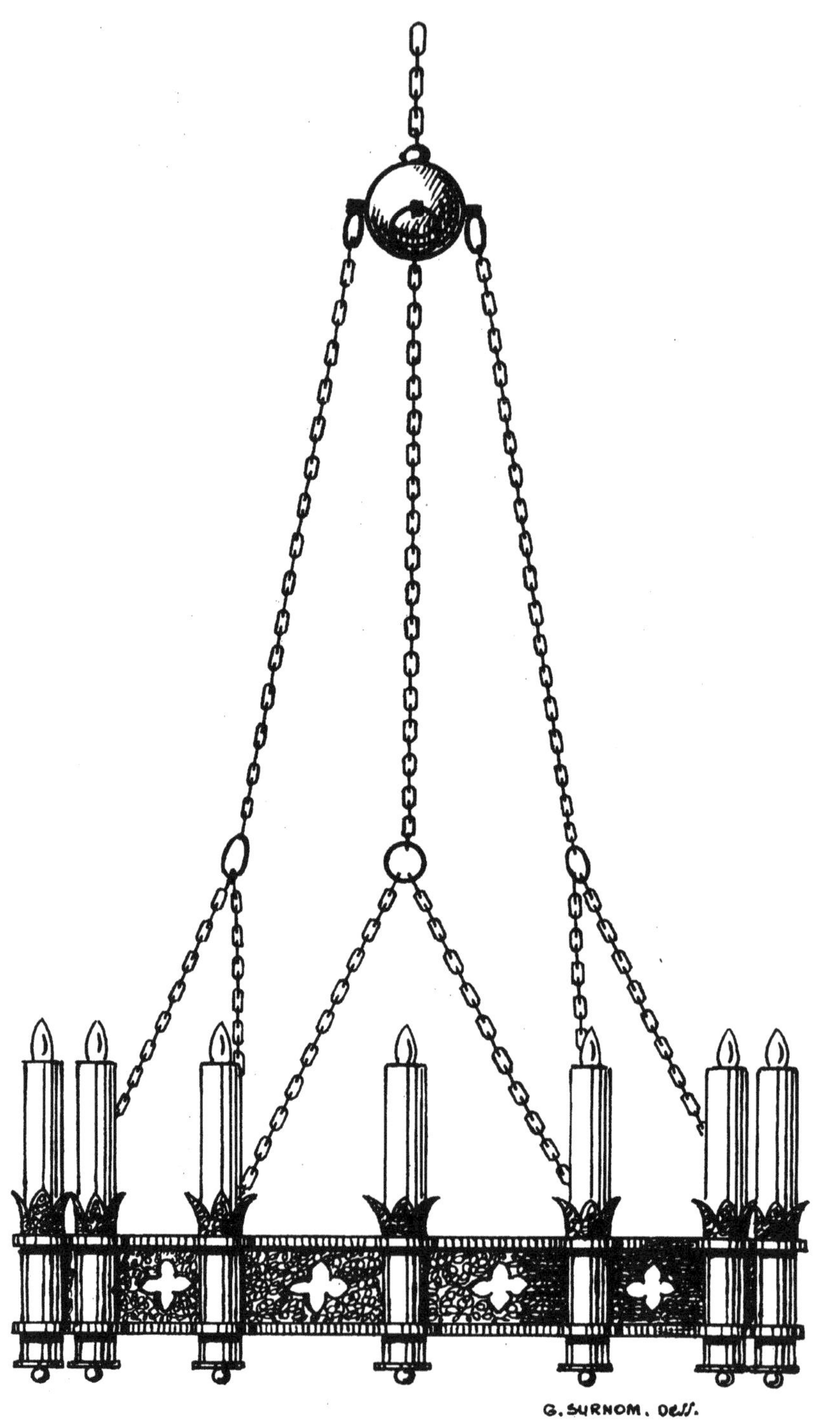

# APPLIQUES

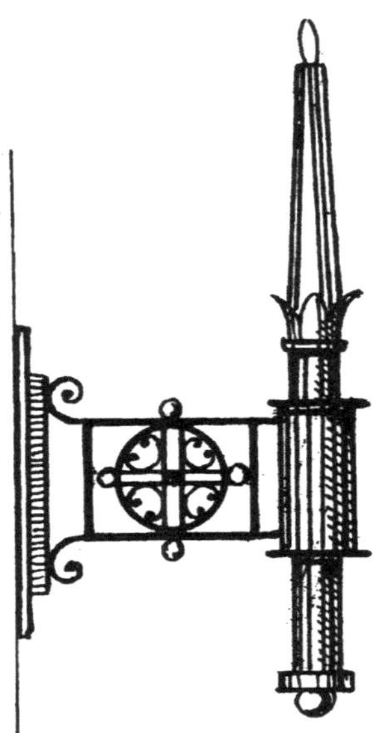

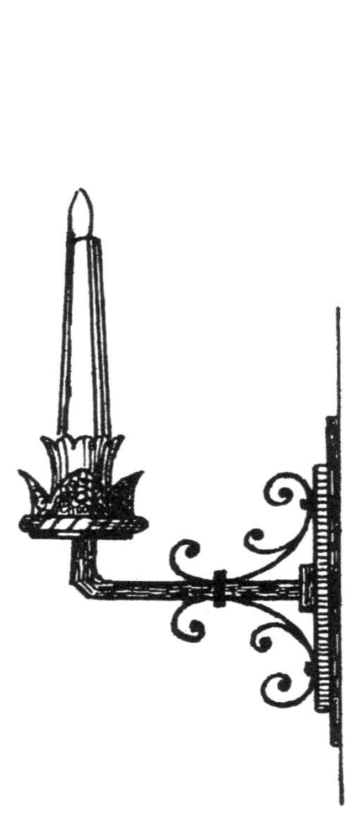

# CROIX

G. SURNOM . Dess.

G. SURNOM . Dess.

# FERRONNERIE
# FUNÉRAIRE

# PORTES DE CHAPELLE

# PORTES DE CHAPELLE

G. SURNOM. Dess.

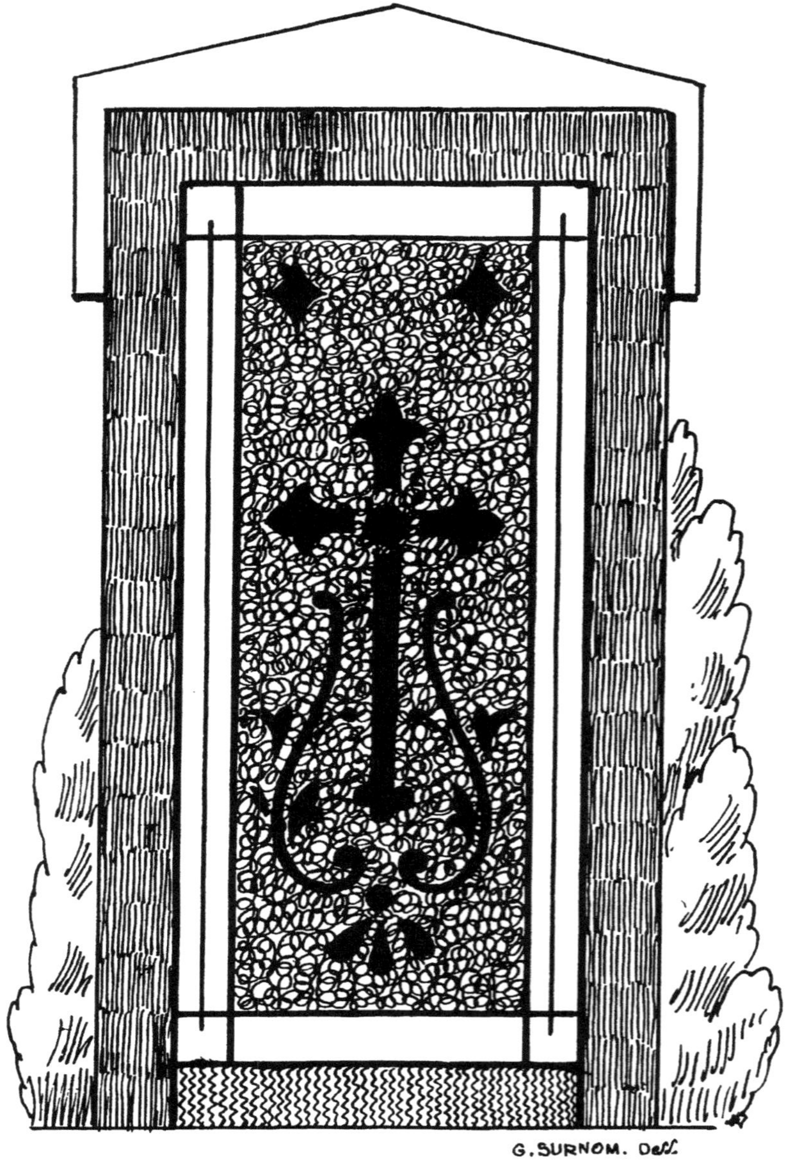

G. SURNOM. Dess.

# ENTOURAGES DE TOMBES

# CROIX TOMBALES

www.ingramcontent.com/pod-product-compliance
Ingram Content Group UK Ltd.
Pitfield, Milton Keynes, MK11 3LW, UK
UKHW050920270726
13994UKWH00011B/2451